솔바람은 그림자를 남기지 않나니

韓國高僧逸話 抽選

솔바람은 그림자를 남기지 않나니

雲巖玄葉 編著
三碧子 睥寂

학자원

고승일화서高僧逸話序

불법佛法은 범부의 인생을 올곧게 이끄는 최고의 가르침이다. 지금 세상에서도 부처님의 가르침을 통해通解하여, 마침내 대승大乘의 문을 열어서, 참나[眞我]를 회복回復하고자 하는 이가 적지 아니하다.

그러나 세속世俗의 욕망欲望은 말끔히 잊기가 쉽지 아니하고, 비록 대략의 욕망에 벗어났더라도 다생多生의 묵은 습관習慣인 잡념雜念 즉 망상妄想이 일상사日常事 속의 어느 하나에라도 부딪히면 허망한 모습놀이가 일어나므로 망연茫然해지기 쉽다.

그러하더라도 이 가운데 공부의 큰 뜻을 두고 실實다이 노력하면, 어느 땐가 비갠 뒤의 청명晴明한 하늘을 보듯, 자기의 참마음[眞心]이 나타나는 것이다.

참마음[眞心]이 나타나게 되면 불조佛祖의 은혜를 참다이 알게 되고, 자기自己의 청정각명淸淨覺明이 현전現前하게 되나니, 누가 있어 이 도리道理를 외면하리오.

금번의 한국고승일화 "솔바람은 그림자를 남기지 않나니"는 한국의 고승高僧과 거사居士들의 수행과 깨달음이 녹아 있나니, 일독一讀하면 깊은 신심信心이 일어나고, 공부工夫의 원력願力이 설 것으로 기대한다.

불법佛法에는 승가僧家와 속가俗家가 나뉘지 아니한다. 다만 진실되이 공부하는 이와 쉬엄쉬엄 공부하는 이로 나뉠 따름이다. 공부를 생각하는 이가, 한 번의 독서讀書를 인연하여, 다생多生의 몽환夢幻에서 벗어나 자기自己 부처[佛性]를 깨우는 초석楚石이 된다면 이 보다 더 기쁜 일이 있겠는가.

雲巖玄葉 識

차례次例

■ 韓國의 高僧

■ 近世의 高僧

韓國의 高僧

1. 아도화상 阿道和尙 240~284경

아도화상阿道和尙은 고구려인高句麗人이다. 중국의 사신(위魏나라 사람, 아굴마)이 고구려에 와서 고구려 여인(고도령)을 취처娶妻하여 한 아들을 얻으니 이가 곧 아도阿道이다. 아도阿道가 중국으로 가서 현창顯彰화상을 만나 불교에 귀의한 때, 전진前秦의 왕은 부견符堅이요, 고구려는 소수림왕小獸林王이다. 아도阿道가 귀국하여 처음으로 절을 창건하니 곧 이불란사伊佛蘭寺이다. 아도화상의 어머니가 말하기를,

> "삼천년 전 가섭불迦葉佛 당시, 신라에 일곱 군데의 절터를 가리켰나니, 지금의 황룡사黃龍寺 분황사芬皇寺 송광사松廣寺 통도사通度寺 해인사海印寺 대흥사大興寺 법흥사法興寺이다. 이 터에 절을 짓고 불교를 전파하라."

하였으니 아도阿道의 어머니는 곧 보살菩薩의 화현化現이다. 아도는 즉시 신라의 경주로 가서 불교를 전도하다가 선산善山에 도리사桃李寺를 지었다.

이후 신라에서는 박염촉朴厭髑, 일명 이차돈異次頓이 불교를 위하여 순교하니, 이를 계기로 법흥왕法興王과 왕비 파

도부인이 귀의하였다. 이에 법흥사法興寺를 창건하고 왕위를 물려주고 출가하였다. 왕비도 법류法流라는 법명으로 여승女僧이 되었다. 첫 비구니比丘尼이다. 왕으로써 출가한 분은 법흥왕이요, 왕비는 파도부인과 경순왕敬順王의 비, 돈도부인이다. 왕자는 여섯 명이며, 공주는 두 명, 국존國尊 두 분, 국사國師는 설흔 일곱 분, 왕사王師는 네 분이다. 국존은 법흥왕法興王과 대각국사大覺國師이다.

◎ 전남 나주군 남평 중봉산 죽림사기竹林寺記에 다음과 같은 기록이 보인다.

- 신라 눌지왕訥祗王 때 아도阿道가 세웠다. 동진東晉의 목제 영화 12년 병진에 위魏나라 임금 척발씨의 신하 아굴마가 고구려에 사신으로 왔을 때 고구려 여자 고도령이 시중들었다. 이듬해 정사 1월에 아도가 태어났다. 간문제簡文帝 함안咸安 2년 임신, 나이 16세 때 위나라로 들어가 아도란 이름을 하사받고 현창스님을 알현, 그로부터 아도라는 법호를 받았으며 어릴 적 이름은 아도이다. 우리나라로 돌아올 때의 나이는 19세였다. 냉산冷山 아래 모례의 집에 이르자 당시 사람들은 그를 묵호자墨胡子라 부르고 마을 이름도 도개道開라고했다. 열제 태원 2년 눌지왕 경진의 일이다.

- 태원 5년 신라新羅 소지왕炤智王 계미에 도암道庵으로 돌아갔다.[석한의 내마 김룡행金龍行은 아도화상의 비석을 만들어 도리사桃李寺에 세웠다.]

2. 원광법사 圓光法師 555~638

원광법사圓光法師는 진평왕眞平王 때 스님으로 속성이 설씨薛氏요, 열세 살에 출가하였다.(속고승전에는 당나라의 사찰에 들어가 머리를 깎았다고 함) 용모가 비범하고 재주가 뛰어나서, 이십오 세에 진陳나라에 가서 부처님의 경전經典을 널리 수학하고 귀국하니, 경학經學이 당대에 으뜸이라 국왕과 대신이 모두 존경하였다.

원광법사는 신기로운 기량器量은 크고 넓었으며 밝은 지혜智慧는 속재俗才보다 뛰어났다. 도교道敎와 유교儒敎를 두루 섭렵하여 연구하였으며, 서책書册과 문장文章을 사랑하여 깊숙이 젖어들었다. 생각이 세상에 뛰어나고 고매高祩하여 어지럽고 시끄러운 곳에 살기를 싫어하였다.

원광법사는 25세에 중국에 유학하였다. 마침 수隨나라 군사들이 양도에 쳐들어오니, 탑에 불이 난 것을 바라보고 그것을 끄려했는데, 군사들은 다만 스님이 포박되어 탑 앞에 있음을 볼 뿐이었다. 그들이 이상히 여기며 놓아 주었다. 개황 연간(588~600)에 섭론攝論이 비로소 일어났으므로, 글과 말을 받들어 새겨 경고(수나라 서울)에서 널리 칭송稱頌 받았다.

닦은 공부가 정묘精妙하게 되자, 해동海東에 계승하고자 했다. 진평왕 22년 경신(600)에 본국의 사신使臣이었던 내마인 제부와 대사인 횡천을 따라 신라로 돌아오게 되었는데 갑자기 바다 가운데서 이상한 사람이 나와서 절을 하고 청하기를,

> "원컨대 스님은 우리를 위해 절을 짓고, 항상 진리眞理를 강講하여, 제자로 하여금 좋은 과보를 얻도록 하여 주십시오."

하므로 스님은 승낙하였다. 스님이 가신 지 여러 해 만에 돌아오니 늙은이나 아이들 모두 기뻐하였으며, 왕 또한 대함에 삼가 공경하여 마치 부처님처럼 우러러 모셨다. 드디어 삼기산 옛집으로 돌아왔다. 어느 날 밤중에 신장神將이 와서 잘 다녀오셨는지 묻고,

> "저 운문산雲門山에 까치들이 쪼아 놓은 땅이 있을 것이니 거기가 바로 길지吉地입니다."

하였다. 이튿날 아침에 스님이 그 자리를 발견하고 곧 땅을 팠더니 석탑石塔이 나왔다. 곧바로 절을 짓고 이름을 운문雲門이라 하고 거기 머물렀다. 신장神將이 은밀히 보호하는

것을 그만두지 않았다. 또한 서해의 용녀龍女가 항상 따라 다니며 강講을 들었다.

진평왕眞平王 30년(608)에 왕은 고구려가 자주 국경을 침범하는 것을 근심하여 수隨나라에 군사를 청해 적국을 치고자 하였다. 스님에게 명하여 걸사표乞師表를 짓게 하였더니, 스님은

"스스로 살기를 구하기 위해 남을 멸하는 것은 사문沙門의 할 일이 아닙니다. 그러나 빈도貧道가 대왕大王의 영토에 살고 대왕의 옷과 밥을 허비하고 있으니, 어찌 감히 그 명령을 좇지 않겠습니까?"

하고 곧 걸사표乞師表를 지어 올렸다. 스님은 성품이 깨끗하고 고요하였으며, 두루 사랑하였고, 말씀에는 항상 웃음을 머금었으며 결코 성낸 빛을 나타내지 않았다. 글을 쓸 때는 모두 다 가슴 깊숙한 속에서 나왔으며, 온 나라 사람들이 마음을 기울여 떠받들었다. 고을을 다스리도록 맡기면 근기根機에 맞게 교화敎化를 펴서 모범을 후대後代에까지 남겼다.

613년에 황룡사黃龍寺에서 백좌회百座會를 베풀고, 경전經典을 강講할 때에 스님이 그 우두머리가 되었으며, 항상 가실사加悉寺에 거처하면서 진리眞理를 강講하였다. 사량부沙

梁部의 귀산龜山과 추항箒項이 문하에 나아가 공손한 태도로 말하기를,

"세속의 선비가 어리석어 아는 바가 없사오니, 원하건대 가르쳐 주시면 일생의 교훈으로 삼겠습니다."

라 하였다. 이에 스님은 말하였다.

"보살계菩薩戒가 있으며 그 종류는 10가지가 있다. 그대들은 남의 신하이고 자식이어서 아마도 능히 행하지 못할 것이다. 지금 세속世俗에 알맞은 오계五戒가 있으니, 첫째는 임금을 섬기되 충으로써 함이요, 둘째는 부모를 섬기되 효로써 함이요, 셋째는 벗을 사귀되 신의로써 함이요, 넷째는 전장에 나가서는 물러나지 않음이요, 다섯째는 생물을 죽이되 가려서 함이다. 그대들은 이것을 실행함에 있어서 소홀히 하지 말 것이다."

귀산龜山은 "다른 것은 다 가르쳐 주신 대로 하겠습니다만, 생물을 죽이되 가려서 하라는 뜻은 잘 모르겠습니다." 라고 하였다. 스님이 이르기를,

"봄과 여름철 및 육재일六齋日에는 산 것을 죽이지 않는 것이니 이것이 때를 가리는 것이요, 부리는 짐승을 죽이지 않는다는 것은 소·말·닭·개 등을 말하는 것이고, 세

물細物을 죽이지 않는다는 것은 그 고기가 한입도 안 되는 것을 말하는 것이니, 이것이 생물生物을 가리는 것이다. 이 외에는 비록 쓸데가 있다고 하더라도 다만 많이 죽여서는 안 되는 것이니, 이것은 가히 세속世俗의 좋은 계율戒律이라고 할 만하다."

라고 하였다. 귀산龜山 등은 계율戒律을 지켜 깨뜨리지 않았다. 후에 국왕이 병환이 나서 의원들이 치료해도 낫지 않으므로 스님에게 설법說法을 청했다. 궁중에 모시고 강설講說하게 하고 왕王은 성심誠心으로 받들었다. 초저녁에 스님의 머리에 금빛이 둥근 해와 같이 나타나는 것을 보았으며 궁인들도 모두 함께 보았다. 왕의 병환은 곧 나았다.

법랍法臘이 이미 높아졌어도 청한淸閑하여 가진 것은 가사袈裟와 바릿대뿐이었다. 건복58년(641)에, 병환이 난지 7일 만에 맑고 간절한 교훈을 남기고 단정히 앉아 그 자리에서 입적入寂하였다. 춘추春秋는 99세였으니, 곧 당나라 정관 4년(630)이었다. 삼기산의 부도浮屠는 지금도 있다. 스님의 세속오계世俗五戒를 되새겨 본다.

事君以忠	임금을 섬기되 충성을 다하라!
事親以孝	부모를 섬기되 효심을 다하라!
交友以信	벗을 사귀되 신의를 다하라!

臨戰無退　　전쟁에서는 물러서지 마라!
殺生有擇　　생명은 가려서 죽여라!

이것은 불살생계不殺生戒에 약간 어긋나는 바가 있으나, 외세의 침략이 빈번하여 나라를 지키며 불법佛法을 배움에 부득이한 교화방편법教化方便法이라 하겠다. 그런 연유로 세속오계世俗五戒가 태어난 것이다. 원광법사는 혼란기 신라 불교의 중흥조라 할 수 있다.

◎ 여러 곳에 원광법사圓光法師의 얘기가 전한다. 대개 줄기가 같고, 술기述記도 크게 다르지 아니하다. 그 중에 수이전殊異傳을 아래에 옮긴다.

또 동경東京의 수이전殊異傳에 원광법사전圓光法師傳이 실려 있는데 내용이 아래와 같다.

-법사의 속성은 설씨薛氏로 왕경사람이다. 중이 되자 처음에 불법을 배웠는데 나이 30이 되자 한가로이 지내면서 수도하려고 삼기산에 홀로 살았다. 그 후 4년이 지나자 한 중이 와서 가까운 곳에 따로 절을 짓고 2년 동안 살았다. 사람됨이 강하고 용맹스러운 그는 주술을 배우기를 좋아했다. 어느 날 밤 법사가 혼자 앉아 불경을 외는데 문득 신이 그의 이름을 부르면서 말했다.

"그대의 수행은 장하고 훌륭하십니다. 대체로 수행하는

자는 많으나 법대로 하는 이는 드뭅니다. 지금 이웃의 중을 보니 주술을 성급히 익히려 하지만 얻는 것이 없을 것입니다. 시끄러운 소리는 오히려 다른 이의 정념조차 괴롭히니 그가 거주하는 곳은 내가 다니는 길에 방해가 되므로 지날 때마다 매양 미운 생각이 날 지경입니다. 나를 위해 법사가 그 사람에게 말하여 다른 곳으로 옮겨 가도록 해주십시오. 만일 그가 그곳에 계속 머무른다면 내 문득 죄업을 저지를 지도 모릅니다."

이에 이튿날 법사가 찾아가 말했다.

"어젯밤 내가 신의 말을 들으니 스님은 다른 곳으로 옮겨야 좋을 것 같습니다. 그렇지 않으면 반드시 재앙이 있을 것입니다." 그러자 중이 대답했다.
"수행이 지극한 사람도 악귀의 현혹을 받습니까? 법사는 어찌 호귀의 말에 근심하시오?"

그날 밤에 또 신이 나타나 말했다. "지난 밤 내가 한 말에 중이 무어라 대답했습니까?" 신이 노여워할까 두려워 법사가 말했다. "아직 말을 못하였습니다. 그러나 말을 하면 어찌 감히 듣지 않겠습니까?"

"이에 내 다 들었는데 어찌하여 법사는 말을 꾸미십니까? 이제 그대는 잠자코 내가 하는 것만 보십시오."

신은 말을 마치자 사라졌다. 밤중이 되어 벼락같은 소리가 들렸다. 이튿날 법사가 그 곳에 가니 산이 무너져서 중이 있던 절을 묻어 버렸다. 또 신이 나타나 말했다.

"법사가 보기에는 어떻습니까?"
"심히 놀랍고 두렵습니다."

"내 나이 거의 3천세에 이르고 신술神術 또한 무한하지요. 이런 일이야 지극히 작은 일인데 무엇이 놀랄 게 있겠습니까. 나는 앞으로의 일도 모르는 게 없으며 온 천하의 일에 다 통달해 있습니다. 이제 생각해 보니 법사가 오직 이곳에만 있으면 비록 자신을 이롭게는 하겠으나 남을 이롭게 하는 공로는 없을 것이니, 이제 높은 이름을 내지 못한다면 미래에 승과를 취하지 못할 것입니다. 어찌하여 중국에서 불법을 취하여 이 나라의 혼미한 모든 중생을 제도하려 하지 않습니까?"
"중국에 가서 도를 배우는 것은 본래 나의 소원입니다. 그러나 바다와 육지가 멀리 막혀 있으므로 스스로 가지 못할 따름입니다."

법사가 대답하자 신은 중국으로 가는 길과 여행에 필요한 사항을 자세히 일러 주었다. 법사는 그에 의해 중국에 갈 수 있었으며 11년을 그 곳에 머무르며 삼장三藏에 널리 통달通達하였고, 유교儒教의 학술學術도 아울러 배웠다.

진평왕 22년 경신(660)에 법사는 행장을 갖춰 중국에 왔던 조빙사朝聘事를 따라 본국으로 돌아왔다. 그리하여 신께 감사를 드리고자 법사는 전에 거주했었던 삼기산의 절로 갔다. 밤이 되자 역시 신이 나타나 그의 이름을 부르고 말했다.

"해륙의 먼 노정路程에 왕복이 어떠하였습니까?"
"신의 크신 은혜를 입어 편안히 다녀왔습니다."

"내 또한 스님에게 계를 드리겠습니다." 하고는 생생상제의 약속을 맺었다. 그리고 법사는 청했다.

"신神의 진용眞容을 뵐 수 있습니까?"
"만일 법사가 내 모양을 보고자 하거든 내일 아침 동쪽 하늘 끝을 바라보십시오."

이튿날 아침이 되어 법사가 동쪽 하늘을 보니 커다란 팔뚝이 구름을 뚫고 하늘 끝에 닿아 있었다. 그날 밤이 되자 신이 나타나 또 물었다.

"법사는 내 팔뚝을 보았습니까?"
"보았는데 매우 기이하고 이상했습니다."
(이 때문에 삼기산을 속칭 비장산臂藏山이라고도 한다.)

"비록 이 몸이 있다 하여도 무상의 해는 면할 수 없습니다. 그러므로 나는 앞으로 얼마 후에 그 고개에 사신할 것입니다. 그러니 법사는 거기 와서 영원히 떠나는 내 영혼을 전송해 주십시오."

그리고 신은 그 날짜를 일러 주었다. 약속한 날이 되자 법사는 그 곳에 갔다. 늙은 여우 한 마리가 옻칠한 것처럼 검게 변해 숨도 쉬지 못하고 헐떡거리기만 하더니 마침내 죽었다.

법사가 처음 중국에서 돌아왔을 때 신라에서 임금과 신하들이 그를 존경하여 스승으로 모시자, 법사는 늘 대승경전大乘經典을 강의講義했다. 이때 고구려와 백제가 늘 변방을 침범하였다. 이에 왕은 몹시 걱정하였고 수나라에 군사를 청하고자 법사를 청하여 걸병표乞兵表를 짓게 했다. 그 글을 본 수나라 황제는 친히 30만 군사를 내어 고구려를 쳤다. 이로 하여 법사가 유술儒術까지도 두루 통달함을 세상 사람들은 알게 되었다. 향년 84세로 세상을 떠나자 명활성明活城 서쪽에 장사葬事했다.

◎ 또한 삼국사열전三國史列傳에도 비슷한 기록이 전한다.

3. 대안대사 大安大師 571~644

대안대사大安大師는 원효元曉보다 사십육 세가 많은 노승老僧이다. 원효는 경론經論의 소疏를 짓고 강론講論하여 이미 명성이 높았으나, 대안大安대사를 알아 보는 이는 드물디 드물었다. 대안大安스님은 경주 남산의 한 골짜기에서 풀로 엮은 움막집에서 거처하며, 어미를 잃은 새끼 짐승과, 늙고 병든 짐승들을 보살펴 주며 거지같은 행색으로 평생을 살고 있었다. 대안大安스님의 경지를 대략 짐작하는 이는 고관대작 몇몇과 큰 선비 삼사 인에 불과 하였다.

대안大安스님은 마을사람들을 만나면 늘상 "편안便安하셨는가!, 대안大安하시게!" 하였기에, 사람들이 대안大安스님이라고 불렀을 뿐, 그가 어디에서 왔는지도, 어떤 사람인지도 알 수 없었다.

어느 날, 원효는 걸승乞僧인 대안大安스님을 길거리에서 만났다. "이보시게 원효元曉! 나와 함께 가세나!" 하고는 성큼성큼 걸어가며, 원효를 향해 손짓하며 재촉한다. 원효가 노승老僧인 대안大安을 예우하여 따라 도착한 곳은 신분이 천하고 가난한 사람들과 유랑민들이 모여 사는 동촌東村 마을이었다. 동촌은 서라벌의 북쪽 변두리에 있다. 대안大安이 평소부터 잘 아는 듯한 주막에 들어가면서 크게 말한다.

"주모! 귀한 손님 모시고 왔으니, 술 한상 잘 봐오시게!"

이렇게 하여 두 스님은 잠시 계율戒律을 내려놓고, 술잔을 주거니 받거니 하다가, 문득 원효가 일어나 말없이 떠나갔다. 원효의 뒤에서 목소리가 들려온다.

"이 보시게, 원효! 구제救濟받아야 할 중생을 여기다 두고, 어디로 가시는가?"

대안大安이 던진 이 말의 뜻은 무엇일까? 빈천한 동촌 사람들을 보살피라는 뜻일까? 대안大安의 행동을 지적하여 정법正法으로 교화해 줄 것을 바라는 것 일까? 그 진의眞意는 신라의 귀족불교貴族佛敎의 행태를 나무라는 것이었다. 당시의 불교는 서라벌의 귀족과 지식인知識人의 전유물에 가까웠다. 대안스님은 만민萬民이 다 함께 배우고 닦는 불법佛法을, 평등平等하고도 드밝게 홍포弘布할 이가 원효元曉라는 것을 알고 원효에게 부탁한 것이다.

분황사芬皇寺에 돌아온 원효는 불법의 홍포방법을 생각한다. 글을 알지 못하는 서민과 지식이 얕은 중인中人들을 교화할 방법을 궁구하였던 것이다. 서민들을 깨우치고자 함에는 친절하고 쉬운 방법으로 불법佛法의 본원本源을 전달함에 있지 않은가. 그리하여 사람사람이 본래 평등平等하며 누구나 공부하면 마침내 무위無爲의 도道를 깨칠 수 있음을 알려야 할 절대사명이 자신에게 있음을 생각하였던 것이다.

그 방편의 처음은 승려교육僧侶教育이요, 다음은 당시의 대중노래인 향가풍鄕歌風으로 글을 지어 노래로써 전법傳法하는 것이요, 그 다음은 서민과 더불어 생활하며 걸림없는 도인道人의 풍모風貌를 보이는 것이었다.

원효는 승려교육僧侶教育을 위해서는 자신을 감추고, 서라벌 밖의 큰절에 부목負木으로 일하면서 스님들을 깨우치고 종지宗旨를 은근히 전한 일화가 여러 곳에 전한다. 서민을 위해서는 저자거리를 돌며 무애가無碍歌를 지어 부르며 무애무無碍舞를 추기를 십년을 계속하였다. 그 가운데 적멸무위寂滅無爲를 보였나니, 승속僧俗을 은근慇懃하고 치절置節하게 감화感化시킨 대력보살大力菩薩이었던 것이다.

서민들의 상당수가 천신天神 산신山神 용왕龍王 등의 유신론관有神論觀에서 벗어나게 되었고, 지식인知識人들은 보살菩薩의 경지境地와 본분本分을 어렴풋이 짐작하게 되었던 것이다. 그러던 어느 날, 저자거리 골목에서 대안스님이 나타나 원효에게 이른다.

"편안便安하셨는가!, 대안大安일세. 나는 이제 떠날까 하네."

대안스님이 말을 마치고는 홀연히 떠났다. 이후로 대안스님의 종적을 아는 사람이 없었다.

4. 자장율사 慈藏律師 590~658

자장율사慈藏律師는 속성은 김씨金氏로서 선덕여왕善德女王 때, 진골眞骨인 무림공茂林公의 아들로 태어났다. 무림공이 늦도록 후사가 없으매 불전에 발원하되, 아들을 낳으면 시주하여 법해法海의 진량津梁이 되게 할 것을 축원하면서, 천부관음千部觀音을 조성하였다.

"자비하신 부처님! 아들하나 점지點指하시면 곧 출가出家시켜 큰 사문沙門이 되게 하리다."

하였더니 이윽고 아들이 사월 초파일에 태어났다. 천성이 맑고 슬기로워 학문을 깊이 닦아 익혔으며, 어버이를 여읜 뒤부터 세속의 번거로움을 싫어하여 처자를 버리고 홀로 깊은 산으로 들어가 고골관枯骨觀을 닦았다. 조그만 집을 지어 가시덤불로 둘러막고 벗은 몸으로 그 속에 앉아 움직이기만 하면 곧 가시에 찔리도록 하였고, 또한 끈으로 머리를 천장에 매달아 정신의 혼미함을 물리쳤다.

그때 조정의 재상 자리가 비어 그를 기용하려 하였으나

부름에 응하지 않았으므로, 왕은 취임하지 않으면 곧 목을 베라는 엄명을 내렸다. 그는 칙명을 듣고, "내 차라리 계戒를 지키고 하루를 살지언정, 계戒를 깨뜨리고 백년을 살기를 원하지 않는다[吾寧一日持戒死 不願百年破戒而生]."고 하였다. 이 말을 전해들은 왕은 출가를 허락하였다.

그 뒤, 더욱 깊은 산속으로 들어가 수행하였는데, 그때 이상한 새가 과일을 물고 와서 공양하였고, 천인天人이 와서 오계五戒를 주는 꿈을 꾸었다고 한다.

스님은 한 칸 방에서 관선법觀禪法을 주야로 정진하여 무상도無上道를 깨달았다. 이후 입당入唐하여 오대산淸涼山에 있는 문수보살 석상 앞에서 칠주야七晝夜의 기도 중 문수보살文殊菩薩이 현몽하여 이르되 "선재라!" 하고 무슨 글귀를 가르쳐 주었으나 아침에 깨어서 생각하니 알 수 없었다. 궁금히 여기던 중 이튿날 다시 꿈에 나타나 이른다.

일체법을 요달了達해 알면	了知一切法
자성自性에 정념情念이 없나니	自性無所有
이와 같이 법성을 요해了解하면	如是解法性
노사나불盧舍那佛을 보느니라.	卽見盧舍那

이는 60권 화엄경華嚴經의 게송偈頌으로 불법佛法의 종지宗旨이다. 뒷날 조선말에는 이 게송을, 경허鏡虛화상이 혜월

慧月화상에게 주는 전법게傳法偈로 삼았다. 또한 한암漢巖화상은 보살계菩薩戒의 법문法門으로 썼다.

또한 자장慈藏의 현몽 중에 문수보살文殊菩薩이 금함金函을 전해 주면서 "이 속에 부처님의 정골頂骨과 치아齒牙와 가사袈裟가 들어 있으니 잘 받들고 가 서라벌 가까운 곳에 절을 짓고, 치아와 가사는 그곳에 봉안하고, 정골頂骨은 너의 나라 청량산淸凉山(오대산의 별칭)에 봉안하라. 그러면 나도 곧 그 곳으로 갈 터이다."라 하였다. 이런 까닭으로 오대산五臺山을 문수도량文殊道場이라 한다. 또 이르되 "너는 오백생에 청정대율사淸淨大律師이다."라 하였다.

그 뒤, 중국 장안長安으로 갔는데, 당나라 태종이 사신을 보내어 그를 위로하고 승광별원勝光別院에 머무르게 하였으며, 후한 대접을 하였다. 어느 날 한 장님이 그의 설법說法을 듣고 참회懺悔하자 곧 눈을 뜨게 된 일이 있었다. 이러한 소문이 퍼지자 그를 찾아와 계를 구하는 사람이 매일 천여 명에 이르렀다.

그리고 종남산終南山 운제사雲際寺에 가서 경율론經律論 삼장三藏을 통달하고, 조실스님으로부터 부처님 사리舍利 백과百果를 얻었다.

이렇게 그가 당唐에서 한참 활동하는 시기에 선덕여왕善

德女王은 자장慈藏의 귀국을 정식으로 요청한다. 귀국길에 본국 신라에 불상佛像과 불경佛經 등이 미비함을 생각하고 대장경大藏經 한질과 번당幡幢·화개華蓋 등을 골고루 마련하였으며, 또한 불사리佛舍利를 모시고 7년 만에 귀국하니 온 나라가 환희하였다.

사리舍利는 삼분하여 황룡사黃龍寺, 태화사太和寺, 통도사通度寺에 봉안하였다. 가사 및 치아사리는 통도사에 함께 모셨다. 그런 까닭으로 통도사를 불보佛寶사찰이라고 한다. 또한 정골은 오대산 중대中臺에 봉안하니 곧 적멸보궁寂滅寶宮이다.

어느 해 여름, 궁중에서 대승론大乘論을 강하였고, 황룡사에서 7일 동안 보살계본菩薩戒本을 강하였다. 그러나 당시 신라불교는 기강이 세워져 있지 못하였고, 조정에서 대국통大國統이라는 높은 직위를 주었던 것도 그로 하여금 전국의 승니僧尼들을 관장하도록 하기 위해서였다.

한편, 일찍이 자기 집을 절로 바꾸었던 원령사元寧寺를 다시 증축하고, 화엄경華嚴經을 강하여, 화엄교법華嚴敎法을 천명할 때, 52명의 여인이 나타나 법을 듣고 깨닫자, 문인門人들이 그 수만큼의 나무를 심어 이적異蹟을 기념하였는데, 그 나무를 지식수知識樹라고 불렀다. 신라에 화엄사상華嚴思

想을 처음으로 소개한 것이다.

자장율사慈藏律師는 신라는 불교와 인연이 깊은 터전이라 하였다. 그의 불국토사상佛國土思想은 삼국유사三國遺事의 여러 곳에 나타나 있다. 저서로는 아미타경소阿彌陀經疏 1권, 아미타경의기阿彌陀經義記 1권, 사분율갈마사기四分律羯磨私記 1권, 십송율목차기十誦律木叉記 1권, 관행법觀行法 1권 등이 있다.

자장율사慈藏律師는 귀국 후, 대국통大國統이 되었고, 통도사通度寺에서 입적入寂하니 세수는 69세였다. 자장율사慈藏律師의 생애는 불교의 홍통弘通을 통하여 교화敎化와 종지宗旨와 계율戒律의 확립이었다.

5. 원효대사 元曉大師 617~686

원효대사元曉大師는 진평왕眞平王 때에 경산태생이다. 617년 압량군押梁郡 불지촌佛地村 율곡栗谷에서 태어났다. 조부는 잉피공仍皮公이고, 아버지는 신라 17관등 가운데 11위 내마柰麻의 지위에 있던 담날談捺이다. 속성은 설씨薛氏요 속가의 이름은 서당誓幢이다. 법명法名은 스스로 원효元曉라고 지었는데, 이는 불법佛法의 종지宗旨를 드러내어 범부에게 도道의 새벽을 밝히 알린다는 뜻이다.

원효元曉는 어머니가 절에 갔다가 돌아오다가 산에서 태어났다. 태몽胎夢에 어머니 품에 별이 안겼다고 한다. 태어난 지 사흘 후, 어머니를 여의고 계모 밑에서 자랐으므로 어머니를 그리워하여 장성한 후에도 어머니 묘소를 찾았다.

15세 무렵에 출가하여 자신의 집을 절로 고치고 초개사初開寺라고 하였다. 그리고 자신이 태어난 사라수裟羅樹 곁에 사라사沙羅寺를 세웠다. 나이 이십에 화랑花郞이 되어 백제와의 싸움에 여러 번 나갔다. 한번은 화랑인 요석공주瑤石公主의 남편 부마공과 같이 출전했으나 요석공주 남편이 전사하여 그 시체를 안고 돌아 왔다.

삼국유사三國遺事에 의하면 낭지朗智와 혜공惠空 두 고승高僧에게 배웠다고 한다. 완산주完山州에 머무르며 열반종涅槃宗을 강講하던 고구려의 승려 보덕普德에게 열반경涅槃經과 유마경維摩經 등을 배웠다는 기록도 있다. 그러나 스승을 정하고 배운 것이 아니고, 다만 초학시절에 강백講伯의 강의를 들은 것이라 하겠다.

648년에는 황룡사皇龍寺에서 경학經學을 연구하며 수도하였다. 650년 현장玄奘이 인도에서 새로 들여온 신유식新唯識을 배우기 위해, 의상義湘과 함께 당唐나라로 유학을 떠나려 했으나, 요동遼東에서 첩자諜者로 몰려 사로잡히면서 실패하였다.

661년에 다시 의상義湘과 함께 당나라로 떠나려 하였으나, 배를 타러 당항성唐項城(지금의 경기도 화성시)으로 가던 도중에 홀연히 깨달았다. 그리고는 진리眞理가 자기 자신에게 온전히 갖추어 있음을 게송偈頌으로 토하였다.

깨친 사연은 밤에 오래된 무덤에서 잠을 자다가 잠결에 해골에 괸 물을 마셨다. 아침에 그 사실을 알고는 읊는다.

"삼계란 모두 마음[妄心]이 지은 것
만법萬法은 (妄心으로 인해 나타난) 식識의 풀이

마음[眞心] 밖에 법法이 없거늘
어찌 중국 가서 따로이 구하랴!"
[三界唯心 萬法唯識 心外無法 胡用別求]

또 읊는다.

첩첩의 청산은 아미타阿彌陀의 굴이요
망망한 창해는 적멸궁寂滅宮이로세
물물物物이 오고 감에 걸림이 없거늘
솔정자에서 몇 번이나 학 머리 붉은 때 보았던가.

靑山疊疊彌陀屈　청산첩첩미타굴
滄海茫茫寂滅宮　창해망망적멸궁
物物拈來無罣碍　물물념래무가애
幾看松亭鶴頭紅　기간송정학두홍

정淨과 부정不淨이 모두가 마음[妄心]이 지어낸 바[唯心所造] 즉 일체유심조一切唯心造를 깨친 것이다. 곧 마음[妄心]이 생生하면 종종種種의 법法이 생하고, 마음이 멸滅하면 종종種種의 법法이 멸滅하는 것이요, 만법萬法이란 망념妄念으로 인하여 생겨난 가유假有라, 법法이 홀로 생하는 것이 아님을 확철대오廓徹大悟하였던 것이다.

그러히 대오大悟 연후에 법화경法華經의 사구게四句偈와 기신론起信論의 요목要目과 유식론唯識論의 대강大綱이 찰나에 막힘없이 통하였던 것이다.

심생즉종종법생　　心生則種種法生
심멸즉종종법멸　　心滅則種種法滅
－법화경의 사구게－

삼계허위유심소작　三界虛僞唯心所作
이심즉무육진경계　離心則無六塵境界
－기신론의 요목－

삼계유심만법유식　三界唯心萬法唯識
－유식론의 대강－

원효元曉는 곧바로 경주로 돌아와서 깊은 선정禪定에 들어 심반야深般若를 자증自證하였다. 그리하여 금강삼매金剛三昧에 거닐며 대력보살大力菩薩의 위位에 나아갔던 것이다. 어느 날, 꿈에 공자孔子가 흠모하던 주周나라의 주공周公이 나타나서 이른다.

"나는 주공周公의 혼魂이요. 이 나라에 와서 도덕道德을 펴고자하니 내가 태어날 곳을 마련해 주시오."

이에 원효스님은 주공周公이 태어날 곳을 정해주기 위해, 노래 가락을 지어서 큰길과 골목을 다니며 부르니, 어린 아이들이 듣고는 따라 불렀다. 이에 경주[東京]사람의 대개가 원효의 노래를 알게 되었다. 그 내용은 아래와 같다.

> "누가 자루 없는 도끼를 빌려 주려나! 내가 하늘을 받칠 기둥을 깎으리라."
>
> [수허몰가부 誰許沒柯斧 아작지천주 我斫支天柱]

이러하나 경주[東京] 성중城中의 사람들이 그 뜻을 밝히 알지 못했다. 선덕여왕善德女王이 듣고, 그 노래의 뜻을 하문下問하니 태사관太史官이 말하였다.

> "원효대사가 지은 노래이온데, 과부寡婦가 있으면 취처娶妻하여 대인大人을 낳겠다는 뜻입니다."

선덕여왕이 요석궁瑤石宮의 질녀姪女 가루타를 불러 이른다. 가루타는 김춘추金春秋의 딸이다.

> "가루타야! 너는 시집가서 닷새가 못되어 남편이 전사하여 애석히 여겼는데, 지금 원효대사元曉大師가 취처娶妻하여 대인大人을 낳겠다고 하니, 네가 그리로 개가改嫁 하도록 하라"

가루타 역시 과거에 전사한 남편의 시신을 안고 돌아 온 인연因緣도 있고, 세상을 받칠 기둥[支天柱]같은 아들을 생각하며 쾌히 승낙하였다. 이리하여 한 아들을 얻으니 그가 바로 설총薛摠이다.

설총薛摠은 대문장大文章으로 신라에 유학儒學을 일으키고 홍유후弘儒侯라 불리며, 한국 유림儒林의 개조開祖가 되었다. 또한 이두吏讀를 창안하고 신라문학의 조종祖宗이 되었다. 뒷날 김춘추가 왕이 되므로 가루타는 요석공주가 된 것이다. 원효스님은 취처하여 생남生男을 했으므로, 비니毘尼의 법석法席에 참석할 수 없다하고, 스스로 복성거사卜性居士라 칭하며 별처別處에 거처했다. 복성卜性은 하성下性이니 곧 못나고 비루鄙陋하다는 뜻이다.

원효는 때때로 대안대사大安大師와 어울리며 비승비속非僧非俗으로 만사萬事에 무애無碍를 보이며 세월을 보냈다. 밤에는 경經의 요목要目을 적지的指하여 대요大要를 짓고, 낮에는 저자를 돌며 무애가無碍歌를 부르며 무애무無碍舞를 추고 백성들을 교화하였다.

그때 태종무열왕太宗武烈王의 생모生母가 등창이 났는데 백약이 무효하였다. 중국에 사신을 보내 약을 구하러 감에 해상에서 용왕龍王이 나타나 말한다.

> "나[龍王]의 둘째 딸이 인간세상에 태어난 업보業報로 병이 생겼으니, 약으로 치료할 수 없으니 공덕을 닦아서 멸죄하라." 하며 용궁에 비장秘藏 되어 있는 금강삼매경金剛三

味經을 주며 이른다. "이 경經을 만인萬人에게 독송讀誦토록 하면 병이 치료 되리라."

이에 사신은 금강삼매경金剛三昧經을 가지고 돌아왔다. 그리하여 경經을 주해注解할 인물을 찾을 제, 허공에서 소리가 들려왔다.

"대안대사大安大師를 청請하라."

왕이 대안대사大安大師를 부르니, 대안대사는 자기의 견처見處와 실력으로는 감당할 수 없고, 자기보다 도道가 높은 이가 있으니, 원효대사라 하였다. 태사관 등이 가지산 석남사石南寺의 원효대사를 찾아가 금강삼매경金剛三昧經을 주해注解하고 경經을 설說할 것을 청하였다. 이에 원효스님은 소를 타고 서라벌[東京]로 돌아가면서 소 등에 앉아 금강삼매경金剛三昧經을 주해注解하였다. 주해注解를 함에, 소의 양 뿔 사이에 경經을 놓고, 소疏와 주注를 완성하니, 이름하여 금강삼매경우각소金剛三昧經牛角疏이다.

후에 의상스님이 분황사芬皇寺에서 화엄경소주華嚴經疏註를 내는 데 맞추어 화엄경華嚴經회향품의 소疎를 지으시다가 입적하니 세수가 칠십이었다. 뒷사람들이 원효대사를 해동보살海東菩薩이라고 부른다. 중국의 고승의소열전高僧義

疏列傳에 원효의 소疏를 논論으로 존숭하여, 금강삼매경우각소金剛三昧經牛角疏를 금강삼매경론金剛三昧經論으로 불렀다. 그 경지가 대력보살大力菩薩이 아니면 금강삼매경金剛三昧經을 주해注解할 수 없다고 본 것이다. 왜국倭國에서도 일찍이 원효대사를 대력보살로 존숭하여 원효종元曉宗을 세우고 지금까지 존모한다.

요석공주瑤石公主와의 사이에서 설총薛聰을 낳은 뒤에는 스스로 소성거사小性居士, 복성거사卜性居士라고 칭하며 서민 속으로 들어가 불교의 대중화에 힘썼다. 광대들이 가지고 노는 큰 박으로 도구를 만들어 이를 무애無碍라 하였다. 무애無碍는,

> 일체의 사事에 걸림이 없는 사람은 [一切無碍人]
> 한 도道로 삶과 죽음을 초월하니라 [一道出生死]

라는 화엄경華嚴經의 구절에서 비롯된 것이다. 그리고 이 도리를 바탕으로 고을과 고을을 떠돌며 불교의 교리를 쉬운 노래로 만들어 전했다.

대사는 사람들에게 자기自己의 본래本來의 마음을 깨달으면 정토淨土를 이룰 수 있으며, 입으로 부처님의 이름을 외우고 귀로 부처의 가르침을 들으면 마침내 성불成佛할 수 있다고 가르쳤다. 이러한 원효의 활동으로 신라의 백성들

은 모두 부처님의 이름을 알고 '나무아미타불南無阿彌陀佛'의 염불念佛을 외우게 되었다고 전한다.

만년에는 분황사芬皇寺 등에 머무르며 경요經要와 화엄경소華嚴經疏 등의 논소論疏, 이백여 저술을 남겼다. 특히 기신론소起信論疏와 금강삼매경소金剛三昧經疏가 뛰어나, 중국의 논사論師들과 지금 세상의 학자들이 원효사상元曉思想을 한국사상의 본류라 한다. 원효사상을 통찰洞察해 보면 불법佛法의 종지宗旨를 명통明通하게 설명한 것을 알 수 있을 것이다.

종년終年에 경주의 고선사高仙寺에 머무르다가, 686년(신문왕 6년) 3월 30일 혈사穴寺에서 70세의 나이로 입적하였다. 대사가 죽은 뒤에 아들인 설총이 유골을 빻아 소상塑像을 만들어 분황사에 안치하였다고 한다. 그리고 신라 애장왕哀莊王 때에 그의 후손인 설중업薛仲業이 각간角干 김언승金彥昇, 뒷날 헌덕왕憲德王의 후원으로, 고선사高仙寺에 서당화상비誓幢和尙碑를 세웠다. 서당은 원효대사의 속명인데, 비명을 서당화상비라 한 것은 원효대사가 설총을 낳은 후, 거사로써 종년을 거닐었기 때문이다. 이 비석은 오늘날에 일부가 훼손되어 전해진다. 원효의 전기에 관하여 가장 오래된 자료이다. 고려 명종明宗 때에도 분황사에 화쟁국사비和諍國師碑를 세웠으나, 지금은 있지 아니하다.

원효대사에 관한 기록은 삼국유사三國遺事와 서당화상비誓幢和尙碑 이외에 중국의 송宋나라 때에 찬녕贊寧이 편찬한 송고승전宋高僧傳 등에도 전한다. 삼국유사三國遺事에는 원효불기元曉不羈 외에 낭지승운보현수朗智乘雲普賢樹, 사복불언蛇伏不言, 의상전교義湘傳敎, 이혜동진二惠同塵, 낙산이대성관음정취조신洛山二大聖觀音正趣調信, 광덕엄장조廣德嚴莊條 등에 원효대사와 관련된 일화가 보인다.

원효대사가 남긴 저술에 대해서는 학자들마다 견해가 조금씩 다르지만, 고기古記에는 모두 백여 종, 이백사십여권이라 하나, 그 가운데 일부만 전한다. 금강삼매경론金剛三昧經論을 삼국유사三國遺事에는 삼매경소三昧經疏라 하였다.

후대의 학자들이 원효사상의 핵심은 일심一心과 화쟁和諍이라 한다. 이는 측지학자測知學者들이 불법佛法을 국학國學으로 이해한 협견狹見이다. 대사의 설은 다만 화엄華嚴에 뿌리하고, 불종佛宗을 올곧게 드러낸 것일 따름이다.

불설佛說은 범부의 이심二心 즉 진심眞心과 망심妄心 가운데, 망령된 마음[妄心]을 지우고 본래의 진심眞心인 일심一心을 환원還源케 하는데 있는 것이다. 그리하여 일상 속에 만민평등萬民平等과 본래구족本來具足을 드넓이 나투게 하는데 목적이 있는 것이다. 원효대사는 불설佛說을 원융圓融하고

통명通明한 풀이로써 일심一心과 화쟁和諍을 설해하였다. 이를 두고 측지학자測知學者들이 원융사상圓融思想이니, 화쟁사상和爭思想이니 하며 이름 붙인 것이다.

6. 사복거사 蛇伏居士 생몰미상, 원효와 동시대

경주[東京] 만선북리에 과부寡婦가 있었는데 남편도 없이 아이를 잉태孕胎해 낳았다. 아이는 나이 십이 세가 되어도 말을 하지 않고 일어나지도 못했다. 그런 연유로 마을사람들이 사복蛇伏 혹은 사동蛇童 또는 사파蛇跛라고 불렀다.

어느 날 사복蛇伏의 어머니가 죽었다. 그때 원효元曉는 고선사高仙寺에 있었는데, 원효가 사복蛇伏 맞으며 예禮를 갖추었다. 사복蛇伏은 답례答禮도 하지 않고 이른다.

> "그대와 내가 예전에 공부할 때, 불경佛經을 실어 나르던 그 암소가 죽었오. 함께 가서 장사葬事를 치릅세나."

라고 했다. 원효가 "좋소."라 답하자, 그때 곁에 있던 원효의 시자侍者가 미심쩍어 하며 "어디로 가십니까?" 한다. 원효가 이르기를,

> "감도 없고, 옴도 없으며, 또한 머무름도 없느니라."
> [無去無來亦無住]

라 하였다. 이는 자성自性의 체體를 드러낸 말씀이며, 금강경金剛經의 응무소주이생기심應無所住而生其心 즉 "마땅히 머무는 바 없이 그 마음을 내어라."는 구절句節의 적해的解이다. 여기서의 마음[心]이란 망령된 마음[妄心]이 아닌 참마음[眞心]을 뜻한다. 한국불교는 원효의 무거무래역무주無去無來亦無住, 이 한 말씀을 명지종요明指宗要의 하나로 삼는다고 하겠다. 원효元曉가 사복蛇伏의 집에 이르러, 사복蛇伏 어머니의 빈소殯所에서 설說한다.

> "나지 말아라! 죽는 것이 고통이니라. 죽지 말아라! 나는 것이 고통이니라." [莫生兮! 死也苦, 莫死兮! 生也苦]

고 하자, 사복蛇伏이 "말이 번거롭네[言繁也]"라고 하니, 원효가 다시 설說해 이른다.

> "죽고 나는 것이 다 고통이다. [死生皆苦]"

사복蛇伏이 대력보살大力菩薩인 원효를 향해 "말이 번거롭네[言繁也]"라고 함이 어찌 예사로운 법담法談이겠는가. 사복이 원효와 버금가는 대현달사大賢達師의 경지였던 것이다. 원효元曉와 사복蛇伏, 둘이서 시신屍身을 메고 활리산 동쪽으로 갔다.

원효가 "지혜의 호랑이를 지혜의 숲속에 장사지내는 것이 또한 마땅치 않겠소."라 하니, 사복이 "옛날 석가모니불

釋迦牟尼佛께서는 사라수娑羅樹 사이에서 열반涅槃에 드셨는데, 지금 역시도 그와 같은 이가 있으니 연화장세계蓮華藏世界에 들고자 하오."라 답했다.

사복蛇伏이 말을 마치고 풀을 뽑으니, 아래에 세계가 열렸다. 휘황輝煌하고 깨끗하면서 칠보七寶로 장식한 난간欄干과 누각樓閣이 장엄하여 분명 인간세상과 같지 아니 하였다. 사복蛇伏이 시체를 업고 들어가니 그 땅이 갑자기 합쳐졌다. 이내 원효는 돌아왔다. 다만 그러하였다.

뒷사람들이 사복蛇伏을 기리며, 금강산金剛山 동남쪽에 절을 세우고 이름을 도량사道場寺라고 했다. 그리고 매년 (陰) 3월 14일에 점찰회占察會를 행하는 것을 항규恒規로 삼았다.

삼국유사三國遺事에 의하면 사복蛇伏의 교화와 행적은 이뿐이다. 다른 기록인, 동국이상국집東國李相國集 23권 남행월일기에는 사복蛇伏을 원효元曉의 제자로 기록하고 있으나 오류誤謬인 듯하다. 또한 속전俗傳에 원효가 사복蛇伏의 천화遷化를 읊은 게偈가 전한다.

> 깊이 잠든 용龍을 어찌 등한等閑시 하리
> 떠날 때 읊은 한 곡曲 간단間斷도 하구나
> 고통스런 생사生死는 원래 고통이 아니거니
> 연화장蓮華藏 세계가 넓기도 하도다.

원효가 창건하고 사복蛇伏이 머물었다는 설이 있는 기림사祇林寺에는 오종수五種水가 있다. 그 중에, 단맛이 나며 마시면 기골肌骨이 장대해지고 힘이 생긴다는 장군수將軍水가 있었는데, 일제강점기에 석탑石塔으로 샘[泉]을 막았다고 한다. 지금도 고요한 밤, 석탑에 귀를 대어보면 물소리가 들린다고 한다. 기림사는 사복蛇伏의 유허지幽墟地라 하겠다.

사복蛇伏의 진영眞影이 원효元曉와 진표眞表의 진영眞影과 함께 소래사蘇來寺에 봉안되어 있다. 이 진영眞影은 승려僧侶로 그려져 있다. 그런 까닭에 사복蛇伏을 승려로 해석하기도 한다. 그러나 삼국유사三國遺事에 의하면 사복蛇伏은 거사居士이다. 거사居士란 원래 거가자오居家自悟한 인물을 의미한다. 즉 거사居士란 숙세宿世의 수행修行이 있어 세속世俗에 머물면서 세속世俗을 초월하는 지혜智慧를 자증自證한 인물이라는 뜻이다.

7. 의상대사 義湘大師 625~702

성姓은 김씨金氏이며, 아버지는 한신韓信이다. 삼국유사三國遺事에는 이름의 표기가 의상義湘이나, 의상義相으로 된 문헌도 있다. 625년(眞平王)에 경주에서 태어나, 644년(善德女王) 황복사皇福寺에서 출가해 승려가 되었다. 650년 원효元曉와 함께 현장玄奘이 인도에서 새로 들여온 신유식新唯識을 배우기 위해 중국의 당唐 나라로 유학을 떠나려 했으나 요동遼東에서 첩자諜者로 몰려 사로잡히면서 실패하고 신라로 되돌아왔다.

다시 스물아홉에 원효元曉스님과 같이 구법입당求法入唐하러 요동遼東까지 갔으나, 원효스님은 문득 자증自證하고 중도에서 귀국하였다. 홀로 662년(文武王)에 당의 종남산終南山 지상사至相寺에서 중국 화엄종華嚴宗의 이대조사二代祖師인 지엄智儼(602~668)에게서 화엄사상華嚴思想을 배웠다. 668년에 7언言 30구句 210자字로 나타낸 화엄일승법계도華嚴一乘法界圖를 저술하였다.

지엄선사智儼禪師에게서 배울 때, 현수賢首스님과 함께 경율론經律論 삼장三藏을 십년에 걸쳐 연구하였다.

의상은 671년에 신라로 돌아왔는데, 삼국유사三國遺事에는 당 나라 군대가 신라를 공격하려 한다는 정보를 알리기 위해 서둘러 돌아왔다고 기록되어 있다.

귀국한 뒤에 동해의 굴에서 관음보살觀音菩薩를 친견親見하고 낙산사洛山寺를 창건했다는 설화가 전해진다. 당시의 백화도량발원문白花道場發願文이 전한다.

676년에는 왕명에 따라 과거 삼국三國의 요충지였던 죽령竹嶺 인근에 소백산小白山 추동錐洞에 부석사浮石寺를 짓고, 그 곳에서 화엄華嚴의 교리를 널리 전파하고 제자를 양성하였다. 전국에서 운집한 문도 삼천 명에게 강론講論하니 교세가 대창大昌하였다. 이런 연유로 해동화엄海東華嚴의 초조初祖라 불리게 되었다.

어느 때인가 양양고을을 지나시다 갈증이 나 우물에서 물을 긷는 여인에게 물을 청하니 부정不淨한 물을 떠 줌으로 못 먹고 버렸다. 여인이 말하였다.

> "분별심分別心을 버리지 못하고 어찌 성불成佛하기를 바라리오!"

치마를 허공에 날리며 청천백운晴天白雲 사이로 떠나가

버렸다. 의상義湘은 관세음보살을 친견하고도 알지 못했음을 탄식하고 분심을 내어 지금 낙산사洛山寺 앞, 의상대義湘臺의 천인千仞절벽 위에서 교족交足하고 칠주야七晝夜를 바다를 바라보며 생각했다.

"내가 다시 관세음보살觀世音菩薩을 친견親見하지 못하면 벼랑에서 떨어져 죽으리라."

그러나 친견親見하지 못하매, 눈을 꼭 감고 뛰어내리니 흰 옷 입은 여자가 치마로 받아 올려놓았다. 다시 보니 바다에서 떠 오더니 바닷가의 굴속으로 오색 빛나는 새로 변하여 들어가 버렸다. 그 굴 위에 법당을 짓고 관음상을 모시니 곧 홍련암紅蓮庵이다. 혹은 관음굴觀音窟이라고도 부른다.

의상義湘은 또한 울진에 불영사佛影寺를 지었다. 그 동리 사람들 꿈에 '내일은 부처님이 오신다'고 하였다고 해서 절의 처음 이름이 귀불사歸佛寺였다가 후에 천연관음석상天然觀音石像의 그늘이 법당 앞 연못에 비친다고 하여 불영사佛影寺라 고쳐 부른다. 불영사의 영影자는 영靈자와 뜻이 같다. 영靈이란 공적영지空寂靈知의 뜻이니 곧 모든 범부의 불성佛性이다.

의상의 문하에 오진悟眞·지통知通·표훈表訓·진정眞定·진장眞藏·도융道融·양원良圓·상원相源·능인能仁·의적義

寂 등 소위 의상십철義湘十哲이라 불리는 고승高僧들이 배출되었다.

이들 가운데 지통知通은 노비奴婢 출신이었으며, 진정眞定도 품을 팔아 연명하던 가난한 집안 출신이었다.

의상과 그 제자들에 의해 화엄사상은 신라사회에 널리 확산되었고, 신라 하대下代에는 전국 곳곳에 화엄종 사찰이 세워졌다. 그 가운데 부석사浮石寺, 비마라사毘摩羅寺, 해인사海印寺, 옥천사玉泉寺, 범어사梵魚寺, 화엄사華嚴寺, 보원사普願寺, 갑사岬寺, 국신사國神寺, 청담사靑潭寺 등을 화엄십찰華嚴十刹이라 한다.

부석사, 화엄사, 해인사, 범어사, 갑사 등은 오늘날에도 대찰大刹로 이름이 높다. 또한 의상의 제자인 표훈表訓에게 화엄사상華嚴思想을 배운 김대성金大城이 화엄의 세계를 형상화하기 위해 불국사佛國寺와 석굴암石窟庵을 세웠다고 한다.

의상義湘은 702년(孝昭王)에 78세의 나이로 입적入寂하였다. 고려 숙종이 해동화엄시조 원교국사海東華嚴始祖圓敎國師라는 시호諡號를 내렸다. 그의 저술 중, 화엄일승법계도華嚴一乘法界圖 외에 백화도량발원문白華道場發願文, 일승발원문一乘發願文, 투사례投師禮 등의 짧은 글들만 전해진다.

신라新羅 하대에는 화엄일승법계도華嚴一乘法界圖에 관한 주석서인 법융기法融記, 대기大記, 진수기眞秀記 등이 편찬되었고, 이들은 고려高麗시대에 이르러 법계도기총수록法界圖記叢髓錄으로 집대성되었다.

중국의 송宋나라 때에 찬녕贊寧이 편찬한 송고승전宋高僧傳에도 의상의 전기가 포함되어 있다.

그의 사상은 중국의 법장法藏(643~712)이 화엄종의 교리를 집대성하는 데에도 영향을 주었다. 이는 법장이 의상에게 보낸 서신 등을 통해서도 확인된다. 의상은 화엄일승법계도華嚴一乘法界圖에서 화엄사상의 종지宗旨를 드러내고 있다. 또한 서민을 위하여 관음觀音신앙과 미타彌陀신앙도 널리 보급했다.

8. 부설거사 浮雪居士 선덕왕 시절, 약785~850

신라 37대 선덕왕善德王(780~785)이 왕위를 넘기던 해, 경주慶州 남내[南川] 향아香兒라는 고을에, 진씨陳氏의 아들이 태어났으니 이름이 광세光世였다. 진광세陳光世는 어릴 적부터 영명寧明하더니 다섯 살 부터는 하나를 들으면 열을 깨쳤다. 어떤 때는 흙으로 탑塔을 세우고 절[禮拜]을 하기도 하고, 저녁노을을 바라보며 고향생각을 하는 듯 깊은 선정禪定에 들었다. 스님들을 만나면 기뻐하고, 미물微物이라도 죽이는 것을 보면 슬퍼하였다. 다섯 살에 불국사佛國寺 원정圓淨스님에게 출가하여 일곱 살에 머리를 깎았다.

"오늘부터 네 이름을 부설浮雪이라 하고, 자字를 천상天祥이라 하거라."

찬 서리 푸른 소나무 같은 기상이라, 불계佛戒를 지키지 아니하여도 청정淸淨하였고, 맑은 물 밝은 달과 같은 마음은, 가까이하는 사람들의 마음을 미쁘게 하였다. 하는 일마다 산뜻하고 걸음걸이에는 상쾌한 법도法道가 있었다.

이러기에 서라벌에 문동文童이 났다고 하여, 마을사람과 서라벌 사람들 모두가 좋아하였다. 어느 날 부설浮雪스님은 도반道伴 영조靈照 영희靈熙 두 스님과 함께 의논하였다. 영조靈照스님이 말했다.

"영남의 풍도風道는 취견取見한 바 오래니 팔도八道를 유람하며 선지식善知識을 찾아뵙는 것이 어떠한가?"

영희靈熙스님이 말했다.

"객처에 나가면 고생이 앞설 것인데 괜찮겠는가?"

부설浮雪이 말했다.

"공부하는 수도인修道人은 고생苦生을 벗 삼고, 헐벗고 굶주리되 도심道心을 잃지 않는 것으로 기둥 삼으며, 대선지식大善知識을 친견함을 은혜로 알아야 하는 것, 이제 떠나보세나."

그리하여 세 사람은 각각 바랑을 짊어지고 기림사祇林寺를 지나, 감포甘浦에서 배를 타고 고성 당항포唐項浦에 내려, 고성固城과 사천泗川고을을 지나 쌍계사雙溪寺에 머물다가 두류산頭流山의 벽송사碧松寺에 들어섰다. 면벽수좌面壁首座와 묵언수좌默言首座 그리고 정토염불淨土念佛로 일종식一種

食하며 삼매三昧에 든 많은 수행인들을 만나 법담法談을 나누었다.

다시 화엄사華嚴寺에 이르러, 구산선문 가운데 동리산문銅裏山門의 종장인 혜철대사慧哲大師(785~861)를 뵙고, 법法을 묻고 물으며 또 들었다. 혜철대사를 모시고 오년을 배웠다.

혜철慧哲대사는 마조馬祖대사의 육대고제六大高弟 가운데 한분인 서당지장西堂智藏선사의 전법문인傳法門人이다. 이러히 선지식善知識을 뵙고 지도 받으며, 능엄경楞嚴經 능가경楞伽經 원각경圓覺經을 꿰뚫고, 달마조사達摩祖師로부터 전해진 직지인심견성성불直指人心見性成佛의 조사지어祖師指語에 통달하였다.

그런 후 삼년을 유가儒家 묵가墨家등 제가諸家의 철리哲理를 읽어 통하지 아니함이 없었다. 외전外典을 익힌 까닭은, 뒷날 재가在家의 선비들을 교화하기 위한 준비였던 것이다. 그리고 다시 천관사天冠寺에 들어가 두문불출杜門不出하고는 삼년동안 무심삼매無心三昧에 들었다.

이러히 십육 년을 송화松花가루에 연꽃열매를 먹으며 허공을 벗 삼아 공부하니, 몸에서는 솔향[松香]이 흘러나오고, 배속에는 청한淸閑의 효무曉霧가 서리었다. 어느 날, 영조靈照스님이 시를 읊었다.

좋은 곳 가리어 깊숙이 살던 곳,
소나무 우거진 산마루 암자庵子.
선정禪定 중에
둘 아닌 도리道理를 깨달으니
삼승三乘의 구경究竟경지
그 이름 밝고 미쁘거니
무루無漏의 옥玉을 캐었네라.

해맑은 이 소식消息,
아는 이 누구런가.
꽃술 머금은 새들이 지저귀고
쓸쓸히 거니는 세속世俗은
나와는 관계 없나니,
산승山僧은
다만 일법一法 속에 살리라.

영희靈熙스님도 한 수를 읊었다.

구름 걷히니 산등성이 드러나
노송老松에 덮인 암자庵子
달빛에 젖어드는데,
지혜의 칼을 천만번 가나니
마음속의 물줄기 두세 번 솟구치네.
깊은 골 고요한 봄

산새들은 정답게 노래하네라.
무상無相의 즐거움 가슴속에 차나니.
현관玄關에도 나아갈 것 없어라.

부설浮雪이 이어 읊는다.

그대들과 고요히 빈 마음[空心] 찾아
운학雲鶴의 작은 암자庵子에 살았노라.
이미 둘 아닌 줄 알았다면 둘 없음에 갈 것 없나니
누구에게 전前삼삼 후後삼삼을 물을 것인가.
고요한 뜰 가운데 아름다운 꽃들이여,
무심無心한 창밖의 새소리 듣노라.
곧바로 여래如來의 경지境地에 찾아 들면
구태여 오래도록 수행修行할 것 있겠는가.

부설은 오래전부터 삼매三昧에 깊이 들더니, 게송偈頌에 지견知見이 활통闊通함을 보였다. 세 스님이 문득 생각해 보니, 오대산五臺山은 문수도량文殊道場이라, 그곳에서 공부하여 문수보살을 친견해보자는 생각을 내어 세 스님이 바랑을 짊어지고 북쪽을 향해 걸어갔다. 변산반도 이웃의 김제金堤 두릉杜陵 백련지白蓮池에 이르니, 봄비가 주룩주룩 하염없이 내리는지라, 쉬어갈 곳을 찾았더니 동리사람들이 불심佛心이 깊은 구무원仇無寃의 집으로 안내하였다. 구무원이 반갑게 맞이하였다.

"법法에 목말라 하던 차에 스님들께서 저희 집을 찾아 주시니 기쁘기 한량없습니다. 편히 쉬시고 나중에 여독이 풀리시면 감로법문甘露法門을 들려주시기를 희망합니다."

저녁때가 되어 안주인이 밥상을 들고 오는데, 따라 들어오던 구무원仇無寃의 딸 묘화妙華가 부설浮雪스님을 보자마자 얼굴을 붉히며 기쁜 표정을 지었다. 그간에 과년過年한 묘화妙華가 여러 혼담을 거절했던 바 있었는데, 밖으로 나온 묘화는 아버지와 어머니에게 말했다.

"저는 부설스님과 혼인하여 살고 싶습니다."

◎ [어떤 일화집에는 이십년 동안 말 못하는 벙어리로 살던 묘화妙華가 부설을 보고는 아! 부설浮雪스님! 하고 갑자기 말하게 되었다고 하나, 이는 과장되게 꾸민 이야기로 보인다.]

구무원仇無寃이 말한다.

"불도佛道 닦는 스님에게 무슨 말을 하는 것이냐?"

묘화妙華가 답한다.

"불도佛道는 인연因緣을 소중히 여기는 것 아니겠습니까? 부설스님과 저는 숙세宿世의 인연因緣이 있는 듯합니다."

세 스님이 저녁상을 물리고 한참 뒤에, 구무원仇無寃이 차회茶會를 열었다. 차담茶談이 오가는 중에 영조스님과 영희스님이 그간의 수행을 토대로 하여 불법佛法에 대한 소견所見을 설說하니 구무원이 기뻐하였다. 차담이 끝날 무렵, 구무원仇無寃은 딸 묘화妙華가 부설과 혼인하고 싶어 한다는 말을 전했다.

영조靈照가 말했다.

"아니 되오! 수행자에게 연정戀情을 품으면 나쁜 업業이 싹터 다생윤회多生輪廻의 씨앗이 된다오."

문 밖에서 듣고 있던 묘화가 말했다.

"지옥에 가도 좋으니 허락만 해 주시면 재가수행在家修行에 방해되지 않게 잘 모시겠습니다."

묘화가 부설스님과 혼인하고 싶다니 참으로 딱한 일이었다. 영조靈照 영희靈熙 구무원仇無寃 구무원의 처妻 묘화妙華 다섯 사람이 서로 쳐다보고 또 아래를 보며 부설浮雪의 의견을 기다렸다. 한참 침묵이 흐른 뒤, 이윽고 부설浮雪이 말하였다.

"부처님께서 말씀하시기를, 인연 없는 중생은 건지지 못한다[無緣衆生難求耶]라 하셨는데, 무릇 숙세宿世의 인연因緣이 있는 중생도 구제하지 못한다면 또한 부끄러운 일이 아니겠소. 불도佛道의 길이 반드시 출가수행出家修行에만 있는 것이 아니거니, 나는 이제 묘화妙華와 혼인하여 처부모를 모시고 살면서 공부를 계속할 테요, 영조靈照 영희靈熙 두 스님은 공부가 더 익은 후에 다시 만나기로 하세나."

영조靈照스님이 탄식하며 게를 읊었다.

계행戒行 없는 지혜는 헛된 소견所見
자비慈悲란 핑계로 애욕愛欲의 그물에 걸렸도다.
둘이서 가는 길은 언제나 즐겁고
하나의 도道는 스스로 천연天然스럽네.
흘러가는 달은 구름 따라 달리고
나부끼는 바람, 펄럭이는 깃발보고 아나니.
날랜 칼날 손에 쥐고 있으면서도
어찌 색色에 머문단 말인가.

다시 영희靈熙스님이 읊었다.

삼태미로 쌓아올린 높은 대臺여,
구부丘阜에 날개 치도록 좋은 불연佛緣이로다.
수행修行은 대나무 쪼개듯 하고
득도得道는 달리는 말에 채찍 하듯 해야 하리.

삼생三生의 누累를 벗지 못하나니
구씨仇氏집 인연에 한 생각이 얽매였네.
언젠가는 엎드려진 물 다시 담아서
먼 훗날 서로 만나 걸음을 같이하기 바라노라.

부설浮雪이 답하였다.

깨친 이는 평등을 좇아 무등無等을 행하나니
깨달음은 무연無緣에서 이루고
제도濟度는 유연有緣에서 이루나니
처세는 진심에 맡겨 드넓게 나투는 것.
마을에서 도道를 이루나 반은 온전 하거이
둥근 구슬 손바닥에 쥐고 붉고 푸름 분별하고
밝은 거울에 비추나니, 호인胡人 한인漢人 분명하네.
빛깔과 소리와 법法에 걸림 없으면
굳이 깊은 산골에 오래 앉을 것 없나니.

悟從平等行無等　오종평등행무등
覺契無緣度有緣　각계무연도유연
處世任眞心廣矣　처세임진심광의
在家成道體胖然　재가성도체반연
圓珠握掌丹靑別　원주악장단청별
認得色聲無罣碍　인득색성무가애
不須山谷坐長遠　불수산곡좌장원

그러히 의견을 나누고 심사를 읊은 후에, 솔잎으로 다린 한 잔의 차를 함께 마시고 두 스님과 헤어졌다. 부설이 말한다.

"도道는 옷에 있지 않고, 때와 장소에 구애되지 않나니, 부처님 뜻 따라 깊이깊이 참구하여, 장차 나를 경책警策해 주시게."

부설浮雪은 그날부터 소 몰고 쟁기질 하며, 밭 갈고 씨를 뿌리고, 꼴을 베고 소죽을 끓였다. 낮에는 산에 올라가 나무를 하고, 저녁에는 방아를 찧어 늙은 부모님을 봉양하는 데 정성을 다했다. 그 가운데 오후의 공부인 임성수연任性隨緣의 공부를 지어 갔다.

몸은 비록 진세塵世에 묻혀 있으나, 마음은 사물 밖에 초연超然하였다. 뜻을 정미精微롭게 하여, 육바라밀六波羅密을 닦았다. 비오는 날이나 눈 오는 날에는 가마니를 짜고, 신발을 삼으며 삼태기 만드는 여가에 삼장三藏에 적통的通하였으니, 예사로운 근기根機가 아니었다. 그리고 도가道家와 유가儒家의 학식까지 구비하였나니, 가깝고 먼 마을, 사방에서 선비들이 모여들어 배움을 청하니 부설의 사랑방은 늘 저자처럼 북적거렸다.

이렇게 15년을 지내는 사이에, 등운登雲과 월명月明이 집안에 형광螢光의 서기瑞氣를 나타내고 있었다. 등운登雲은 훤출한 용모에 따뜻하고 소박素朴한 인품으로 뭇사람이 사랑하였고, 월명月明은 단아端雅한 기품을 지닌 총명하고 해맑은 성품이었다.

부설浮雪거사의 집에는 전라도에서 이름 높은 학자 이승계李承桂와 당상관을 지낸 김국보金國寶와 계룡산의 도인道人들이 왕래하며 고담준론高談峻論과 평담세어平淡世語를 나누며 교유交遊하는지라, 더러더러 수연粹然히 도기道氣를 토로吐露하는 즐거움이 있는 것이었다.

그러던 어느 날 하얀 눈썹과 하얀 수염이 가을바람에 일렁이는 노승老僧 두 분이 찾아왔다. 부설거사가 주인 찾는 과객過客의 소리에 나가보니, 옛 도반道伴 영조靈照와 영희靈熙 두 스님이 왔다.

부설浮雪거사가 문안하였다.

"그동안 어떻게 지냈는가? 모두 백발의 늙은이가 아닌가."

영조靈照스님이 부설浮雪거사를 보고 읊는다.

비바람 속 늙은 나무古木여,
바위 감돌아 대나무가 우거졌구려.
비온 뒤 이끼 빛깔은 더욱 빛나고

떡갈나무 바람에 번득이도다.

부설浮雪거사가 화답和答한다.

처자와 따르는 이 대숲 같고
금은 옥백이 언덕처럼 쌓였어도
죽음에 이르면 홀로 외로운 넋이 되거니
생각하고 생각하면 허망하고 덧없도다.

妻子眷屬森如竹　처자권속삼여죽
金銀玉白積似邱　금은옥백적사구
臨終獨自孤魂逝　임종독자고혼서
思量也是虛浮浮　사량야시허부부

날마다 세상의 홍진紅塵에 종사하여
권세가 높아지자, 어느 사이에 백발白髮이 되네.
염왕閻王은 그 누구도 두려워하지 않나니
생각하고 생각하면 허망하고 덧없도다.

朝朝役役紅塵路　조조역역홍진로
爵位纔高已白頭　작위재고이백두
閻王不怕佩金魚　염왕불파패금어
思量也是虛浮浮　사량야시허부부

영희靈熙스님이 읊는다.

봄물은 옹달샘에 넘쳐흐르고
흰 눈은 하염없이 쏟아지도다.
높은 봉우리 지팡이 짚고 바라보나니
맑은 뜻이라 차라리 말이 없어라.

부설浮雪거사가 다시 화답和答한다.

선량한 마음씨로
풍뢰風雷의 말솜씨를 수繡놓으며
천수千首의 시詩를 짓고,
(뱃속에) 경론經論의 의취意趣를 담고는
세상[萬戶]의 어른노릇 하는 짓이라,
다생多生에 미혹한 경계[人我] 속에 거닐며
잘났다고 으스대는 버릇만 더함이거니
생각하고 생각하면 허망하고 덧없도다.

* 인아人我 : 사람과 나. 마음[妄心]과 경계境界 즉 미혹한 경계.

錦心繡口風雷舌　금심수구풍뢰설
千首詩經萬戶侯　천수시경만호후
增長多生人我本　증장다생인아본
思量也是虛浮浮　사량야시허부부

가령[假使] 설법說法이 눈과 비 오듯 하고
하늘 꽃과 돌멩이들이 감동을 하더라도
마른 지혜[乾慧]로는 생사의 망로를 벗지 못하나니
생각하고 생각하면 허망하고 덧없도다.

假使說法如雲雨　가사설법여운우
感得天花石點頭　감득천화석점두
乾慧未能免生死　간혜미능면생사
思量也是虛浮浮　사량야시허부부

뒷날의 세상에서 영조靈照스님과 영희靈熙스님의 게송에 부설거사가 화운和韻한 시를 일러 부설거사사부시浮雪居士四浮詩라 한다. 원문을 다시 옮긴다.

妻子眷屬森如竹　처자권속삼여죽
金銀玉白積似邱　금은옥백적사구
臨終獨自孤魂逝　임종독자고혼서
思量也是虛浮浮　사량야시허부부
朝朝役役紅塵路　조조역역홍진로
爵位纔高已白頭　작위재고이백두
閻王不怕佩金魚　염왕불파패금어
思量也是虛浮浮　사량야시허부부
錦心繡口風雷舌　금심수구풍뢰설
千首詩經萬戶侯　천수시경만호후

增長多生人我本　증장다생인아본
思量也是虛浮浮　사량야시허부부
假使說法如雲雨　가사설법여운우
感得天花石點頭　감득천화석점두
乾慧未能免生死　간혜미능면생사
思量也是虛浮浮　사량야시허부부

조선조朝鮮朝의 승가일화僧家逸話에 부설거사의 사부시四浮詩를 읽고서 감흥을 일으켜 출가한 이가 허다하였다고 한다. 범부인생의 허망한 가치관을 조판照判하고, 수도인修道人의 간혜乾慧를 적지的指하여 실오자증實悟自證을 가리켜 보인 명시名詩인 까닭이다.

영조靈照스님이 물었다.

"자네는 농사짓고 가정을 꾸리면서 어느 여가를 얻어 깊은 공부에 나아갔는가?"

부설浮雪거사가 답答한다.

"이 사람들아 공부工夫와 일이 어찌 둘이겠는가. 행주좌와行住坐臥가 선禪 아님이 없거늘, 다시 공부와 일에 사이를 두는 것은 공부가 순일純一하지 않은 까닭일세. 일 속에서 공부하고, 공부하면서 일하는 것이 무잡순일無雜純一

해야 진실眞實한 공부工夫가 아니겠나."

조금 있다가 저녁을 먹고 나니, 등운登雲과 월명月明이 문밖에서 말했다.

"아버지, 저녁 예불禮佛하셔야지요."

등운登雲이 벽장문壁欌門을 열고 종이에 그려놓은 부처님상 앞에 향香과 초를 켰다.

"계향戒香 정향定香 혜향慧香 해탈향解脫香 해탈지견향解脫知見香."

간단히 오분향五分香만으로 예불을 마쳤다. 그때 영조靈照와 영희靈熙스님이 부설浮雪거사에게 법문을 청하였다. 부설거사浮雪居士가 한참을 묵묵히 앉았다가 게송偈頌으로 설한다.

눈으로 보아도 본 바가 없으면 분별이 없고
귀로 들어도 들은 바가 없으면 시비가 끊어지거니
분별分別과 시비是非 다 놓아버리면
다만 (自己의)마음 부처[心佛]를 보아
본래면목本來面目을 회복回復한다네.

目無所見無分別　목무소견무분별

耳聽無聲絶是非　이청무성절시비

分別是非都放下　분별시비도방하

但看心佛自復兮　단간심불자복혜

◎ [但看心佛自復兮 : 어떤 본에는 但看心佛自歸依로 되어 있다. 自歸依를 自性歸依로 읽어야 뜻에 원만하다. 但看心佛自歸依와 但看心佛自復兮는 서로 통하여 불종佛宗의 취지趣旨에 부합符合한다]

부설거사가 게송偈頌을 읊어 마치자, 그때 하늘에서는 상서祥瑞러운 운무雲霧가 이는 것이 마치 선녀가 무위無爲의 자연무自然舞를 추는 듯하였다. 또한 운무雲霧따라 기이한 음악音樂이 흘렀다.

이러한 이적異蹟에 온 마을사람들이 절로 허공을 바라보며 한참을 합장하고 예배했다. 영문을 알지 못한 채로 경탄을 자아냈던 것이다. 영조靈照스님이 가까이 가서 보니, 부설浮雪거사가 앉은 그대로 움직이지 않았다. 부설거사가 이미 세연世緣을 다하고 떠난 뒤였다. 부설거사가 좌탈坐脫한 것이다. 온 고을에 법향法香이 흘렀는데 사흘 동안 계속되었다.

두 스님이 장작을 높이 포개고 그 위에 관을 올리고 화장하니, 불꽃이 형용이 학鶴이 춤을 추는 것 같았고, 빗방울이 사리舍利를 적시니 오색의 빛을 내었다. 사리舍利를 거두어, 병에 넣고서 묘적봉妙寂峰의 남쪽기슭에 묻고 부도浮屠를 세웠다.

영조靈照스님이 부설거사의 게송을 모아 선비들에게 법음法音을 베풀었다. 김제 근역의 선비들이 천여 명이 모였는데 마을 바깥까지 줄을 이었다. 또한 영조靈照와 영희靈熙 두 스님이 법회를 열어 무정설無情說을 설하였다. 그 법회가 끝나기도 전에, 부설거사浮雪居士의 자제, 등운登雲과 월명月明이 스스로 머리를 깎고 출가하였다.

등운登雲과 월명月明은 독실篤實히 공부했다. 정신은 연지蓮池같이 하고, 날마다 반주삼매般舟三昧에 머물더니, 하루는 월명月明이 개오開悟하여 읊는다.

잠 깨니 삼생三生의 꿈이 사라지고
몸은 구품연대九品蓮臺에서 노닌다오.
바람 잠잠하니 맑은 지혜의 바다요
달이 오르니 소슬한 가을 하늘이로다.
떠나가는 길 육진六塵 밖에 풍악이 가득하고
신선이 요지了知하여 법선法船을 저어가네
반야삼매般若三昧 다만 이 마음
극락極樂이라 어디라 하리오.

이 글을 본 등운登雲 또한 어머니 묘화妙華와 함께 조용히 앉아서 세상을 떠나니, 이향異香이 방안에 가득하여 미묘한 향기가 석 달 동안 가시지 않았다.

동리사람이 집을 고쳐 절로 지으니, 등운암登雲庵 혹은 월명암月明庵이라 부른다. 뒷날의 어느 나그네가 등운암登雲庵을 찾아 읊는다.

산자락 끄트머리 물 돌려진 곳
고요히 한 암자가 서 있네.
구름 걷혀 만경萬景이 드러나니
떨어지는 햇빛에 늦가을 단풍 더욱 붉어라.
선향禪香 가득한 곳
도인道人들의 발자취 역력하다오.
날이 저물면 청명한 달빛이 드러나리라.
부설浮雪의 영풍靈風이
불골佛骨을 건드리누나.

9. 진표율사 眞表律師 생몰미상, 750년대 활동

진표율사眞表律師는 완산주完山州 사람이다. 아버지는 진씨眞氏 내말乃末의 벼슬을 하다. 어머니는 정씨鄭氏이다. 나이 열두 살에 금산사金山寺의 숭제법사崇濟法師의 강석講席 밑에 가서, 중이 되어 배우기를 청했다 스승이 그에게 말했다.

"일찍이 나는 당나라에 들어가서 선도삼장善道三藏에게 배운 뒤에 오대산五臺山에 들어가 문수보살文殊菩薩의 현신現身에게서 오계五戒를 받았다."

이에 진표眞表가 여쭈었다.

"부지런히 수행하여 얼마나 되면 계戒를 얻게 됩니까?"

정성精誠이 지극하다면 일년一年을 넘기지 않을 것이다. - 라는 스승의 말을 들은 진표는 명산을 두루 찾아다니다가 선계산仙界山 부사의암不思議庵에 머물면서 삼업三業을 닦아서 망신참법忘身懺法으로 계戒를 얻었다.

진표眞表는 처음 칠일七日을 정하여 오륜을 돌에 두들겨

서, 무릎과 팔뚝이 모두 부서지고, 낭떠러지로 피가 비 오듯 했다 그래도 아무런 감응感應이 없자 몸을 버리기로 결심하고 다시 칠일七日을 정하였다. 십사일이 되는 날 마침내 지장보살地藏菩薩을 친견하고 정계正戒를 받았으니 진표眞表의 나이 이때 이십삼 세였다.

진표眞表의 뜻은 미륵보살彌勒菩薩에게 있는지라 감히 중지하려 하지 않고, 다시 영산사靈山寺로 옮겨가서 처음처럼 부지런하고 용감하게 수행했다. 과연 미륵보살이 감응하여 나타나더니, 점찰경占察經 2권과 증과간자證果笄子 백 여덟 개를 주면서 말했다.

> "이 가운데서 제8간자는 묘계妙戒의 비유요, 제9간자는 구족계具足戒를 얻은 것에 비유한 것이다 이 두 간자는 내 손가락뼈이고 나머지는 모두 침향沈香과 단향檀香으로 만들었다. 이는 모두 번뇌煩惱에 비유한 것이다. 너는 이를 가지고 세상에 법法을 전하여, 남을 구제하는 뗏목을 삼도록 하라."

진표는 곧 금산사金山寺로 와서 살았으며 해마다 정성껏 단석壇席을 열어 법시法施를 널리 베풀었다. 그 단석의 정결하고 엄함이 이 말세에는 일찍이 볼 수 없었던 일이었다. 풍교風敎와 법화法化가 두루 미치자, 여러 곳을 다니다가 아슬라주阿瑟羅州에 이르렀다. 섬 사이의 물고기와 자라들이 다리를 놓고 물속으로 그를 맞아들였으므로 진표가 이곳에서 불법을 강의하니 그 물고기와 자라들까지도 계를 받았다. 그때가 임진(752) 2월 15일이었다.

당승전唐僧傳에는 개황開皇 13년(593) 광주光州[廣東]에 참법懺法을 행하는 중이 있었는데, 가죽으로 첩자 두 장을 만들고, 선善과 악惡 두 글자를 써서 사람에게 던지게 해서 선자善字를 얻는 자는 길하다고 했다. 진표眞表가 말했다.

> "이 탑참법塔懺法은 점찰경占察經에 의한 것이고, 박참법樸懺法은 여러 경經에 있는 내용에 따른 것으로, 오체투지五體投地하여 마치 온 몸을 땅에 던져 마치 큰 산이 무너지는 것과 같이한다."

이에 대해 황제와 대신들이 의심한다고 전하니, 진표眞表가 묻는 이에게 말한다.

> "점찰경占察經을 자세히 읽어보면 실단悉檀이 깊고 조밀하여 더러운 것과 흠이 있는 것을 깨끗이 씻어주고, 게으른 자를 격앙시킴이 이 경經만한 것이 없다. 그러므로 그 이름을 대승참大乘懺이라 했다. 또한 석교록釋敎錄 속에는 정장正贓으로 편입되었으니, 비록 성종性宗은 아니나, 그 상교相敎의 대승大乘으로는 또한 넉넉한 셈이다. 어찌 탑

참塔懺과 박참樸懺을 함께 말할 수 있겠는가. 사리불문경舍利弗問經에는 불타佛陀가 장자長者의 아들 빈야다라에게 말하기를, 네가 7일 낮 7일 밤 동안에 너의 전죄前罪를 뉘우쳐서 모두 씻게 하라고 했다. 만약 이 경經을 거짓되고 망령妄靈된 것이라고 한다면 어찌해서 미륵보살이 진표眞表에게 친히 전수했겠는가?"

진표율사眞表律師는 전주全州 벽골군碧骨郡 도나산촌 대정리 사람이다. 나이 십이세에 출가하여 보살의 현신에게 정계正戒를 득하고, 금강산으로 들어가서 비로소 발연사發淵寺를 세우고 점찰법회占察法會를 열었다. 진표율사眞表律師는 발연사發淵寺에서 나와, 고향으로 가서 아버지도 찾아 뵙고, 혹은 진문대덕眞門大德의 방에 가서 살기도 했다. 이때 속리산의 영심永深 융종融宗 등이 율사律師를 찾아와 청했다.

"우리들은 불원천리不遠千里 하고 와서 계법戒法을 구하오니 법문法門을 주시기 원합니다."

이에 율사律師가 계법戒法을 전하며 이른다.

"속리산俗離山으로 돌아가 길상초吉祥草가 난 곳에 정사精舍를 세우고, 이 교법敎法에 의해서 인간계人間界와 천상계天上界의 중생衆生들을 건지고, 후세後世에 널리 펴도록 하라."

영심永深 등이 가르침을 받들고 속리산으로 돌아가 곧바로 길상초가 난 곳을 찾아 절을 세우고 길상사吉祥寺라고 했다. 율사律師는 아버지와 함께 다시 발연사鉢淵寺에 이르러 도업道業을 닦으며 끝까지 효도했다. 율사律師는 절의 동쪽 큰 바위 위에 올라가더니 앉아서 입적入寂했다.

제자들이 시체를 옮기지 않고 그대로 공양供養하다가 뼈가 흩어져 떨어지니 비로소 흙을 덮어 무덤을 만들었다. 이내 그 무덤에 푸른 소나무가 났는데 세월이 오래 지나자 말라 죽었다. 다시 한 그루 났는데 뿌리는 하나지만 지금은 두 그루의 나무가 서 있다.

진표眞表스님의 자취는 송고승전宋高僧傳, 발연사鉢淵寺의 비석, 삼국유사三國遺事 등에 보인다.

10. 혜숙화상 惠宿和尙 생몰미상, 진평왕(26대) 시기

혜숙화상惠宿和尙은 진평왕眞平王 때 사람이다. 혜숙화상惠宿和尙은 행운유수行雲流水처럼 이 곳 저 곳을 돌아다니며 수행하였다. 어느 날, 국선國仙 구담瞿曇이 화랑花郞들이 사냥을 갈 때 따라 가서 시중을 잘 드니 모두들 칭찬하였다. 쉬는 여가에 술안주가 없다고 걱정하는 것을 듣고 잠깐 사이에 안주를 만들어 올리니 모두들 의아하게 여기며 말한다.

"이 고기를 어디서 얻었습니까?"

"내가 내 다리 살을 베어서 볶았습니다."

"그것이 무슨 말씀이오?"

"나는 다리 살을 베어 내도 죽지 않으나 짐승고기를 먹으면 그 짐승은 비참하게 죽게 됩니다."

화랑花郞들이 혜숙화상惠宿和尙의 법문을 듣고 깜짝 놀라 참회하고 다시는 사냥을 하지 않았다고 한다. 왕이 이 소문을 듣고 한번 만나고자하여 내관內官으로 하여금 찾았으나 볼 수 없다가, 내관이 어느 술집에 드니, 혜숙화상이 여자를 품고 자고 있었다. 내관이 속으로 계행戒行이 좋지 못한 사문沙門이라 생각하면서 왕의 뜻을 혜숙화상에게 전했다. 혜숙화상이 내관에게 말했다.

"먼저 가면 곧 따라가겠소."

내관內官이 혼자 돌아오는데 단정히 승복僧服을 입은 혜숙惠宿스님을 만나게 되었다. 혜숙스님이 내관에게 묻는다.

"어디에서 오시오?"

"스님을 모시러 갔다 오는 길입니다."

"글쎄, 나도 임금께서 찾는다 해서 아침 일찍이 가서 뵈옵고 공양供養을 받고 오는 길이오."

내관內官이 돌아와 왕에게 그간의 사정을 고하고 난 뒤, 전후사를 헤아려 보았다. 생각해보니 혜숙스님이 왕으로부터 공양을 받을 때와 내관과 술집에서 만날 때가 같은 시각이었다. 이상한 일이 아닐 수 없었다.

그 후 혜숙스님은 서라벌 백성과 시골의 농부 등의 존경을 받았다. 혜숙스님은 일이 없으면 밤새워 꼿꼿이 앉아서 정진精進만을 하였다. 그러던 중 어느 날 병이 나더니 입적入寂하여 절 뒷산에 장사 지냈다. 장사 지내는 날, 마을 사람이 어디 갔다 오는 중에 혜숙스님을 만났다.

"스님! 어디 가시오?"

"너무 오랫동안 동네 사람에게 신세만 져서 좀 먼 곳으로 가는 길이오."

그 사람은 섭섭한 마음으로 작별을 하고 돌아와 보니, 동리 사람들이 혜숙스님의 장례를 지내고 있었다. 그가 의아하게 여기며, 길에서 혜숙스님 만난 일을 이야기 하니 모두 믿지 않았다. 동리 사람들이 묘墓를 도로 파내 보니 관 속에는 짚신 한 짝만 남아 있었다고 한다.

11. 혜공화상 惠空和尙 원효의 선배스님

혜공惠空스님은 선덕여왕善德女王 때, 왕족인 천진공天眞公댁 여종의 몸에서 태어나 근심꺼리라 하여, 이름을 우조憂助라 했다. 우조憂助 비록 천출賤出이나 기상이 빼어나고 행동이 비범하였다. 천진공이 기이하게 여겼는데, 하루는 우조憂助가 천진공에게 고한다.

"천한 몸이 존댁尊宅에 태어났으나 원하는 바는 출가하여 중이 되고저 하오니 허락하여 주옵소서."

천진공은 우조憂助에 대해 평소 짐작하던 바가 있었다. 우조는 필시 대현大賢이 되어 세상의 스승이 되리라고 생각하였던 것이다. 천진공이 무릎을 꿇고 말한다.

"지성至聖이 어찌 저의 집에 태어났습니까? 제가 어리석어 지성至聖을 알지 못하고 죄를 짓게 된 것을 용서하시고 출가出家하시와 도제중생度濟衆生하옵소서."

우조憂助는 출가하여 법명을 혜공惠空이라 하고 두타행頭陀行을 했다. 산에 토굴土窟을 만들고 하루에 일곱 집 밥을 얻어먹는 칠가식七家食을 행하고, 사람이 많이 모인 곳으로 다니면서 길거리 법문을 했다. 그러나 계행을 지키지 않고 삼태기를 머리에 쓰고 주점에서 술만 마시고, 취하면 삼태기를 벗어 두드리며 춤을 추고 토굴土窟로 돌아갔다. 사람들은 「삼태기거지」라 불렀으며 토굴은 「삼태기굴」이라 했다.

어느 날, 천진공이 들녘에 산책을 나갔더니 혜공스님이 구더기가 득실거리는 시체로 변해 개천가에 비참하게 죽어 있는 것을 보고 '성인聖人이 어찌 이다지도 비참하게 죽었는가?' 하고 장례를 지내 줄 것을 생각하며 성중城中으로 돌아와 보니, 혜공스님이 여전히 술에 취해 삼태기를 두드리며 뛰면서 노래를 부르고 있었다. 천진공이 이상하게 여겨 개천가를 다시 가 보니 그 시체는 강아지 시체였다.

혜공스님이 영일 땅에 있는 항사사恒沙寺 앞을 지날 때 일이다. 마침 개천가에서 선비들이 천렵川獵을 하는데, 혜공스님이 잡아 놓은 물고기를 몰래 집어먹다가 들켰다.

"야 이 중놈아! 내 고기 내 놓아라."

혜공스님이 물에 대고 뒤를 보니, 물고기들이 모두 살아서 달아났다. 이것을 본 선비들은 크게 놀래서 도사道師를 몰라 본 허물을 참회하였다. 이후로 항사사恒沙寺를 오어사吾魚寺 즉 '내 고기 절'이라 고쳐 부르게 된 것이다. 혜공스님이 도사道師의 경지에 거니면서도 막행막식莫行莫食을 한 까닭은 무엇인가? 뒷사람은 공부가 익은 뒤에 판단해도 늦지 않을 것이다. 혜공惠空스님이 입적入寂한 뒤, 원효元曉스님이 와서 법문을 하였다.

이치 없음의 지극한 이치요, [無理之至理]
그러하지 아니함의 크게 그러함이니라. [不然之大然]

원효스님의 이러히 간단한 설법에 사부대중이 의아해 하였다. 원효스님이 이치 없는 이치를 이르고, 또한 그렇지 아니함의 그러함이라 하니 알아듣는 사람이 없었다. 생멸문生滅門의 고苦를 지운 이가 [無理之至理 不然之大然]의 도리를 능히 안다고 하였다. 대저 어떤 이가 고苦 없는 사람인가? 동구洞口 밖에 느티나무 서 있고, 그 앞으로 길손이 지나간다. 희噫라!

12. 안흥사安興寺 지혜智惠 비구니比丘尼

안흥사安興寺의 비구니比丘尼는 태종무열왕太宗武烈王 때의 여승女僧으로 법명法名을 지혜智惠라 한다. 법당을 중수할 돈이 없어 산신山神에게 화주化主를 기원祈願하는 백일기도百日祈禱를 드리니 어떤 귀부인이 현몽現夢하여 말한다.

"나는 선도산仙桃山 여산신女山神이다. 네 정성이 지극하여 황금 열여섯 근을 내가 앉은 땅속에 두고 간다. 이것으로 법당法堂을 수리하고 삼존불상三尊佛像에 금을 올리고 또 오십삼불五十三佛과 십육성十六聖과 신장神將과 오악산신五岳山神의 화상을 그려 모시고 매년 춘추로 삼월 십일과 구월 십일에 선남선녀善男善女를 모집하여 일체중생一切衆生을 위한 법회法會를 열도록 하라!"

지혜智惠 비구니가 하 이상하여 꿈에 이야기 한 곳을 파보니 과연 꿈과 같이 황금 열여섯 근이 있었다. 그리하여 이 황금으로 여산신女山神이 지시 하는 대로 불사佛事를 마쳤다. 이는 정성이 지극하여 산신山神이 감응感應한 경우라 하겠다.

지혜智惠스님이 진평왕眞平王 때의 사람이라는 설도 있다. 선도산仙桃山의 여산신女山神인 신모神母가 금金을 시주施主하면서 봄가을로 점찰법회占察法會를 열도록 권유하였다는 기록도 보인다.

지혜智惠스님은 안흥사安興寺법당의 주존主尊인 삼상三像을 화려하게 장엄하였고, 벽면에 53불과 오악신군五嶽神君 등을 그렸다고 한다. 안흥사安興寺 법당 속에는 초기불교에 나타나는 토착신앙 즉 신모神母와 불교가 동현同現하는 신불습합神佛習合의 자취가 남아 있다.

13. 명랑법사· 明郞法師 – 善德女王 시절

명랑법사明朗法師는 선덕여왕善德女王 때부터 문무왕文武王까지 활동한 스님이다. 속가俗家의 이름은 국육國育이요 법호法號는 명랑明朗이다. 사간沙干 재량才良의 아들이며 어머니는 남간부인南澗夫人 또는 법승낭法乘娘이라고도 하는데, 소판蘇判 무림茂林의 딸이며, 자장법사慈藏法師의 누이이니, 곧 자장慈藏은 명랑明朗의 외삼촌外三寸이다.

출가 후 주야晝夜를 불문不問하고 정진精進하여 오도悟道하였고, 설법에 도리道理가 밝고 명랑해서 명랑법사明郞法師라 칭하였다. 문무왕文武王 때 법사法師이며 신인종神印宗의 조사祖師이다.

금강사金剛寺를 창건하고 낙성식을 하였는데 혜공惠空이 오지 않자, 명랑明朗이 분향 기도하니 나타났다. 당唐이 신라新羅 승상丞相 흠순欽純과 양도良圖 등을 가두고 신라를 치려 하자, 흠순欽純이 비밀히 의상대사義湘大師에게 본국에 알리도록 하였는데, 나라에서는 명랑明朗에게 명하여 밀단법密壇法을 가설假設하고 풀이하여 국난을 면했다.

중년中年에 입당入唐해서 현풍玄風을 드날리고, 중국의 각처에서 선지식善知識과 담론談論하고 강설講說하였다. 당에서 돌아올 때 용궁龍宮에 가서 법法을 전하고 황금黃金 천량을 받아와 금광사金光寺를 창건하였다. 용궁의 시주로 절을 짓고 법당의 안팎을 금으로 단청하여 전각殿閣이 금빛으로 빛났다.

장엄莊嚴한 금빛 전각殿閣과 불상佛像을 보는 이들이 문득 망심妄心이 사라지고 청정심淸淨心을 내는 바라, 한 줄기의 청정심淸淨心을 맛본 수백 명의 불자佛子가 출가하여 도道를 닦았다. 이러한 연유로 절 이름을 금광사金光寺라 하였다.

14. 양지화상 良志和尚 – 善德女王 시절

양지화상良志和尙은 선덕여왕善德女王 때 사람이다. 심밀종深密宗으로 수행하였다. 주문呪文을 독실히 외다가 득력得力하였다. 주과呪果를 성취하여 신통력을 보이매 많은 사람들이 존숭하였다. 사람들에게 모름지기 주문에 전력하면 신통을 성취한다고 하였다. 스님에게 다음과 같은 일화가 있다.

스님은 절에 앉아서 석장錫杖 끝에 작은 동냥 주머니를 달고 그 위에 방울을 달아 주장자를 수백 리 밖으로 날려 보냈다. 석장錫杖이 민가의 대문 앞에 이르러 딸랑 딸랑 소리를 내어, 한 집에서 한 순갈의 동냥을 받아 일곱 집을 거친 후 석장錫杖이 돌아왔다. 양지화상의 도력道力이 장하다는 말을 듣고 국사國師로 모시려 하자, 처소인 지금의 통도사 극락암極樂庵 근처에서 백제百濟 땅으로 피하려 길을 떠났다. 한 냇가에서 발을 씻고 있으니 한 노인이 묻는다.

"스님은 어디에서 어디로 가시오?"

"나는 영축산靈鷲山에서 세렴世染없이 백옥白玉같은 마음

으로 세상을 보내는데, 나를 국사國師로 삼는다기에 피해 가는 길이오."

"못난 사람일세! 도망할 것까지야 있소?"

날이 저물어 한 집을 찾아 가서 하룻밤 유숙留宿을 청하니 노파가 나오며 말한다.

"어디로 가는 스님이오?"

"영축산靈鷲山에서 타처로 가다 날이 저물어 유숙留宿을 청합니다."

"영감! 이 스님이 낮에 말씀하신 그 분이 아니오?"

방안의 영감이 문도 열지 않고 답한다.

"맞소. 주문呪文이나 외우며, 요술妖術이나 하는 자를 나라에서 어찌 국사國師로 삼으려 할까?"

양지화상良志和尙이 이 말을 듣고 돌아보니, 집과 노인네가 없어졌다. 생각하니 자신이 부끄러웠다. 다시 영축산靈鷲山에 돌아와 꿈을 꾸니, 한 스님이 나타나서 말한다.

"스님은 참으로 선근善根이 있소. 낮에는 문수보살文殊菩薩을 만나고, 저녁에는 관세음보살觀世音菩薩을 친견했으니 말이오."

이후 양지화상良志和尙은 위도망구爲道忘軀의 마음으로 올올兀兀히 좌선坐禪하여, 마침내 대지大智를 열고 국사國師가 되어 대법大法을 드날렸다.

양지화상의 제자 비장화상 역시 태백산太白山 도솔암兜率庵에서 신통을 보이며, 바리[鉢盂]를 삼시三時로 천성산千聖山 내원암內院庵의 원효元曉스님 회상會上에 보내, 공양이 담겨지면 허공으로 날아오게 하였다. 어느 날, 원효스님이 바리에 쪽지를 넣어 보내니, 한 젊은 스님(비장화상)이 와서 절을 하였다. 원효스님이 이른다.

> "복福은 자기가 지어서 자기가 받는 것이다. 짓지 아니한 복福은 있을 수 없나니, 자네는 신통神通은 얻었으나 복福은 없다. 우리 부처님은 복혜양족福慧兩足이시다. 이 회상에서 삼년을 공양주하며 좌선坐禪하라. 복福과 지혜智慧가 갖추어지면 세상의 스승이 될 것이다."

이 말씀을 들은 비장화상은 공양주 노릇을 하면서 좌선하여 대지大智를 열고, 후에 내원암內院庵의 조실스님이 되었다.

15. 지통화상 智通和尙 文武王 時節

지통선사智通禪師는 문무왕文武王 때 사람이다. 일곱 살에 출가하여 정혜淨慧를 닦는데 하루는 허공중에서 음성音聲으로 이른다.

"지통智通아! 지통智通아! 너는 영축산靈鷲山 낭지선사朗智禪師를 찾아가서 제자가 되거라."

영축산을 가는 길에 동네 앞 나무 그늘에서 쉬는데 허술한 차림의 노인이 앉아서 말을 건넨다.

"사미십계沙彌十戒를 받았느냐?"

"아직 받지 않았습니다."

"그러면 내게 계戒를 받아라."

"누구시길래 나에게 계戒를 받으라 하십니까?"

"그것은 몰라도 되니 계戒만 받으면 된다."

하고 잠깐 동안에 십계목十戒目만 설하고 가면서 말한다.

"이 나무 이름을 보현수普賢樹라고 하라."

"무슨 말씀이신지요?"

"이 나무 밑으로 보현보살普賢菩薩이 지나갔니라."

라고 하더니 보이지 않는다. 다시 길을 가는 중에 스님 한 분을 만났다. 낭지朗智스님의 거처를 물으니,

"내가 바로 낭지朗智다. 오늘 아침 공중에서 큰 소리가 들리되 장차 도인道人이 될 아이가 찾아오니 마중을 나가라! 하기에 나오는 길이다."

하고는 손을 잡고 매우 반겼다. 영축산으로 가는 길에 보현보살에게 십계十戒를 받은 일을 이야기 하니, 낭지선사가 크게 놀라면서 말한다.

"선재善哉라! 너는 숙연宿緣이 있어 보현보살普賢菩薩께 계戒를 받았구나. 나는 천축산에서 135년이 되도록 수행하였는데 삼성三聖을 친견親見하지 못했다."

삼성三聖은 문수文殊, 보현普賢, 관음觀音보살이다. 아래는 지통화상智通和尙이 낭지선사朗智禪師께 올린 송구頌句이다.

서곡西谷사미는 땅에 머리를 조아려,
동악에 계신 낭지朗智도인께 예를 올리나이다.

西谷沙彌稽首禮　서곡사미계수예
東嶽上德朗智前　동악상덕낭지전

이리하여 지통智通스님은 낭지선사의 지도 아래 이십년을 수도修道하여 대지大智를 열었다. 그리하여 낭지선사의 법法을 받아 현풍玄風을 드날리고 불일佛日을 천하에 비추었다.

16. 대현법사 大賢法師 景德王 時節

대현법사大賢法師는 경덕왕景德王 때에 분황사芬皇寺의 조실스님이었다. 대현법사大賢法師는 간경看經과 묵좌默坐를 겸하였는데, 법회法會를 열면 칠일七日 간 법문法問하였다. 밤에는 잠을 자지 않고 선정禪定에 들었으며, 법문法問을 시작하면 아침부터 저녁까지 설하였다. 종일 법문하였는데 피로한 기색이 없었으며, 밤에는 선정禪定에 드니 사람들이 기이하게 여겼다. 어느 해, 가뭄이 매우 심하여 성중城中의 우물이 모두 말랐다. 경덕왕이 이른다.

"기우제祈雨祭를 지내, 비가 내리도록 하라."

대현법사大賢法師는 경덕왕의 뜻에 따라 칠주야七晝夜를 앉아서 금광명경金光明經을 독송讀誦하였다. 칠일 째 회향回向날, 아침부터 큰비가 내려 성내城內의 모든 우물물이 넘쳐흘렀다. 이런 연유로 서라벌 궁중의 우물의 이름을 금광명경金光明經을 따라 금광정金光井이라 고쳐 불렀다. 경덕왕景德王과 만백성萬百姓이 대현법사大賢法師의 도력道力을 찬양했다. 입적入寂은 분황사芬皇寺에 오색광명五色光明이 드리울 제, 조용히 앉아서 떠났다.

17. 표훈화상 表訓和尙 景德王 時節

표훈화상表訓和尙은 경덕왕景德王 때의 스님으로 의상義湘 스님의 십대제자十大弟子의 한 분이다. 금강산의 표훈사表訓寺를 창건하였다. 경덕왕이 늦도록 후사가 없어 스님에게 생남生男기도를 드리라 하므로, 스님이 입정入定하여 영계靈界를 살펴보니, 국왕의 복을 지은 사람이 없고, 공주의 복을 지은 여자는 있는지라 이를 왕에게 이르니 "그 공주 될 여자를 왕자로 태어나도록 할 수 없소?" 하였다. "할 수는 있으나 유지하기가 어렵습니다." 왕의 간청으로 태어난 왕이 혜공왕惠恭王이다.

즉위 후, 흉년이 들어 사방에 도적이 일어나 백성이 살기가 어렵던 중 혜공왕惠恭王이 살해되니, 내물왕奈勿王 십세손인 김양상金良相이 즉위하여 선덕왕善德王이 되었다. 뒤에 표훈화상表訓和尙이 게偈를 읊었다.

삼매三昧 가운데는 인과보가 미치지 못하나,
삼매三昧를 벗어나면 인과보가 반드시 따르니라.
대적삼매大寂三昧 적멸궁寂滅宮에는,

죄와 복이 모두 공空하여 있지 아니하도다.

入門不及因果報　입문불급인과보

出門必隨因果報　출문필수인과보

大寂三昧寂滅宮　대적삼매적멸궁

罪福皆空無所有　죄복개공무소유

18. 법해화상 法海和尙 景德王 時節

법해화상法海和尙은 경덕왕景德王 때 사람이다. 당대에 도덕道德이 높으며, 신통神通이 있는 도인道人이다. 황룡사黃龍寺에 주석住錫했는데 하루는 왕이 절에 참배한 후, 법해스님에게 말하였다.

"전년에 대현大賢스님은 가뭄 때, 비를 불러 성중城中의 우물이 모두 넘치게 했는데 지금도 그런 스님이 있을까?"

법해法海스님이 이른다.

"바다물이라도 자아 올 수 있습니다."

왕은 소담笑談으로 생각하고 웃었다. 그때 궁관宮官이 급히 달려와 갑자기 궁宮에 물이 들어와 쉰 칸이나 침수가 되었다고 하였다. 환궁還宮해 보니 그러하였다. 경덕왕景德王이 말한다.

"이 물이 어디서 왔느냐?"
"동쪽 못물이 넘어 들어왔다고 합니다."

또 해변에 있는 감은사感恩寺의 중이 고하되, 한 낮에 바닷물이 넘쳐 법당法堂 앞까지 왔다가 물러갔다고 하였다. 경덕왕景德王이 법해法海스님의 도력道力을 긍정肯定하였다.

19. 영재화상 永才和尙 元聖王 時節

영재화상永才和尙은 원성왕元聖王 때 사람이다. 어려서 출가하였다. 물욕物慾이 없는 청풍납자淸風衲子이다. 천지天地를 집 삼고, 백운白雲을 벗하며, 강산을 편답遍踏하며 수행하였다. 불자佛子는 고苦를 낙樂으로 여길 줄 알아야 한다고 하며, 누더기 입고 겁외가劫外歌를 노래하며, 일정한 거처 없이 걸식乞食하고 전국의 명산대찰名山大刹을 편답遍踏하였다. 때 따라 대기설법對機說法하였으며 임성수연任性隨緣 하며 공부하였다.

그리고 옥퉁소[玉笛]를 잘 불었다. 피리소리를 듣고 사람이 모이면 법문을 하였다. 어느 날, 대현령大峴領을 넘어 가다가 영상嶺上에서 혼자 옥퉁소를 불었다. 산적山賊들이 마침 약탈을 하고 돌아오던 중 피리소리를 듣고 감상感想이 일어 영재화상永才和尙에게 돈 열 냥과 명주 한필을 주면서 옷을 지어 입으라 하였다. 영재화상永才和尙이 이른다.

"지옥은 너희들이나 가지, 왜 나까지 끌고 가려 하느냐?"

산적의 괴수魁帥가 크게 노해 칼로 목을 치려 하였다. 영재화상永才和尙은 조금도 두려움 없이 목을 길게 뺐다. 괴수魁首가 놀라서 무릎을 꿇더니 눈물을 흘리며 출가하여 불법佛法 배우기를 원하였다. 영재화상은 산적山賊 육십 명을 모두 제자로 받아들여 수행하게 하였다.

영재화상은 대기설법對機說法에 능하여 둔근열기鈍根劣機의 범부를 단련하여 중근中根의 수행자修行者로 이끌거나, 혹 인생人生의 근원根源을 묻는 이를 만나면 만사萬事를 쉬고 동사同事하며 본분납자本分衲子로 이끌었다.

영재화상은 이름과 흔적 남기기를 싫어하였다. 그런 연유로 언제 어디서 입적入寂하였는지 아무도 알지 못한다. 뒷사람들이 화상을 기리며 다만 청풍납자淸風衲子라 하였다.

20. 지장화상 地藏和尙 聖德王 時節

지장화상地藏和尙은 성덕왕聖德王 사년에 왕족으로 출생하였다. 용모가 단정하고 학재學才가 출중하였다. 스스로 서원誓願하여 출가出家하고 명산을 편답遍踏한 후, 입당入唐하여 인적이 없는 구자산九子山 깊은 곳에서 오직 산짐승과 벗이 되어 나무뿌리와 열매로 연명하며 공부를 하고 있었다.

어느 날, 마을 사람들을 만나게 되어 무엇을 먹느냐고 묻는 터에 나무뿌리를 보였다. 사람들이 마을에 돌아와 부자인 제갈절諸葛節에게 이야기하니 제갈절이 식량을 가지고 와 인사하며 말했다.

"저의 산에 큰스님이 계시어 영광입니다. 모든 수용품을 지공支供하겠습니다. 아무쪼록 공부를 잘 하시고, 저의 가족에게도 재난이 없도록 하여 주십시오"

지장地藏화상이 이른다.

"나는 본시 신라新羅 사람으로 이 산에 인연이 있어 왔습니다. 한 가지 청請이 있으니, 이 산을 입고 있는 가사袈裟로 덮을 만큼만 주시오"

주인이 승낙하는지라 가사를 벗어 구자산九子山을 덮으니 칠백 리 구자산九子山 전부가 덮였다. 이를 본 제갈절諸葛節의 일행은 모두 경탄하여 땅에 엎드려 무수히 예배를 하였다. 한참을 예배하고 일어나 보니 스님이 보이지 않았다. 제갈절諸葛節은 그 자리에 대안사大安寺를 짓고, 지장보살地藏菩薩을 주불主佛로 모셨다.

21. 진감국사 眞鑑國師 惠恭王 時節

진감국사眞鑑國師는 혜공왕惠恭王 십년에 익산에서 출생하였다. 성姓은 최씨崔氏요 관향貫鄕은 금주金州이다.

일찍이 입당하여 창주滄洲에 가서 신감神鑑화상에게서 중이 되고 숭산崇山 소림사少林寺에서 구족계를 받았다. 먼저 그곳에 가 있던 도의선사道義禪師에게 심인心印을 받은 후 중원각지로 다니면서 고승들과 도담道談을 주고받았다. 귀국하여 국사國師로 추대 되었다.

처음에 상주 노악산露岳山 장백사長柏寺에 있다가 가야산伽倻山 해인사海印寺에 주석하였다. 홍류동천紅流洞川에 고기들이 노는 것을 보고 게를 읊었다.

원컨대 이 종소리 시방법계 모두 들리게 하고,
철위산 어둡고 어두운 무간지옥 모두 밝아지게 하여,
지옥 아귀 축생의 고苦를 떠나고 도산은 없어져서
일체 중생이 모두 정각正覺을 이루도록 하옵소서!

願此鍾聲邊法界　원차종성변법계
鐵圍幽暗悉皆明　철위유암실개명

三途難苦破刀山　삼도난고파도산

一切衆生成正覺　일체중생성정각

뒷날 이 게송은 승가僧伽의 조석朝夕의 예불송禮佛頌이 되었다. 산천山川에 고기가 노는 것을 보고 지었으므로 어산魚山이라한다. 또한 예식禮式할 때 창곡唱曲한다고 하여 범패梵唄라고도 한다.

22. 혜통화상 惠通和尙 文武王 時節

혜통화상惠通和尙은 문무왕文武王 때 사람이다. 어려서 자기 집 동쪽 개울가에서 수달水獺 한 마리를 잡아 껍질을 벗기고 몸뚱이는 집 뒤 대밭에 버렸다. 다음날 아침에 보니 수달水獺의 몸뚱이가 없어졌다. 핏자국을 따라가 보니 새끼 다섯 마리를 품은 채 죽어 있었다.

이를 본 혜통惠通은 스스로의 잔인함을 뉘우치고 다시는 미물微物이라도 살생殺生을 하지 않겠다고 서원을 하고 그 옆에 암자庵子를 짓고 중이 되어 정진精進하다가 입당入唐하였다.

당唐의 선지식善知識 무외삼장無畏三藏의 회상會上에 삼년을 있었으나 조실스님을 한 번도 친견하지 못했다. 혜통화상은 문법聞法의 뜻을 못 이루고 귀국하기 보다는 차라리 분신자살焚身自殺하겠다고 생각하고, 청동화로青銅火爐에 불을 가득 담아 머리에 이고 조실스님에게 가자마자, 머리가 터지면서 크게 소리가 났다. 조실스님이 달려와 만져서 살려내고, 터진 머리를 낫게 한 뒤 조실로 불러 말했다.

"이 회중會衆에서 법法을 구하는 마음이 자네 같은 사람은 없다. 혜통惠通아! 화로가 뜨겁다는 마음이 이제는 어디 있느냐?"

"모르겠습니다."

"대답하는 놈은 누구인고?"

무외삼장無畏三藏스님의 묻는 말끝에 혜통惠通이 홀연忽然히 개오開悟하였다. 귀국하여 선지禪旨를 세우고 대법大法을 드날렸다. 혜통화상의 별호는 왕화상王和尙이다. 머리가 화로火爐에 터진 흔적의 무늬가 왕자王字같기 때문이었다.

23. 청평거사 淸平居士 1061~1125

청평거사淸平居士 이자현李資玄은 인주仁州 이씨李氏 이며, 진락공眞樂公이라 한다. 춘천의 청평사淸平寺는 청평거사淸平居士 이자현의 오랜 수행처다. 거사는 보조지눌普照知訥대사 이전, 고려高麗 초기初期에 무사자오無師自悟하였다. 드밝게 선지禪旨를 깨우쳐 선禪과 교敎를 하나로 아우른 드밝은 인물이다.

청평거사淸平居士는 24세에 진사進士가 되었고, 28세에 과거에 급제하고 집에 돌아오니 아내가 갑자기 죽었다. 입신양명立身揚名과 세속의 인생살이와 사생死生이 한낱 뜬구름이 일어났다가 사라지는 것과 같음을 보고, 29세에 춘천의 청평산淸平山 문수원文殊院에 들어가 평생의 공부처로 삼았다.

거사는 임진강臨津江을 건너면서 "이제 가면 다시는 서울[開城]에 돌아가지 않으리라." 맹세하였다. 이자현이 선禪에 심취하여 개안開眼한 단초는 설봉어록雪峯語錄이다. 설봉의존雪峰義存(822~908)의 어록 가운데,

"온 천지가 하나의 눈眼인데, 그대는 어디를 향해 웅크리고 있는가? [盡乾坤是箇眼 汝向什麼處蹲坐]"

라는 구절에서 개안開眼하였다. 이런 연후에 임성수연任性隨緣하며 명산名山과 수도처修道處를 편답遍踏했다. 이자현의 일상은 검소하고 낮은 몸가짐으로 거친 음식을 먹었다. 혹 걸행乞行하였고, 날이 더할수록 무심삼매無心三昧에 젖어 들었다. 삼년을 만행萬行하고 다시 청평산淸平山 문수원文殊院에 돌아온 뒤, 종년까지 산문山門 밖을 나가지 않았다.

거사의 일상은 묵좌默坐가 거의 전부였다. 홀로 앉아서 늦은 밤까지 선정禪定에 들었으며, 어느 때는 반석盤石 위에 하루 종일 앉아 있기도 했다. 거사의 선정禪定이 점차로 깊어졌는데, 한번은 견성암見性庵에서 선정禪定에 들었다가 칠일 뒤에 출정出定하기도 했다.

이자현보다 앞 인물인 대각국사大覺國師 의천義天이 능엄경楞嚴經을 종경宗經으로 삼았다. 의천義天은 중국에서 공부할 때부터 능엄경에 관심을 높이더니, 마침내 능엄경楞嚴經을 읽다가 자증自證하였다. 그런 연유로 의천義天은 고려에 돌아와서 능엄도량楞嚴道場을 열고, 능엄경楞嚴經 주석서注釋書를 편찬했다. 사람들은 의천義天을 능엄대사楞嚴大師라 불렀다.

이자현李資玄이 의천義天의 영향을 받아 능엄경楞嚴經을 품은 듯하나, 견처見處는 의천義天을 능가했다고 한다. 이자현은 선리禪理에 달통達通하였음에도, 교설敎說은 언제나 능엄경楞嚴經에 기반하였다. 능엄경 속에 선리禪理가 있고, 선리禪理가 능엄경楞嚴經을 여의지 아니하는 도리道理를 보인 것이다.

청평거사淸平居士 이자현李資玄은 능엄경楞嚴經의 견성見性과 문성聞性을 적지的知하고, 교종敎宗의 종의宗義와 선종禪宗의 향상일로向上一路를 일심一心의 설로 꿰었나니, 뒷사람이 이름하여 이자현의 능엄선楞嚴禪이라 하는 것이다.

이자현은 자신의 수행처 곳곳에 이름을 붙였는데, 법당法堂은 문성전聞性殿, 암자庵子는 견성암見性庵, 골짜기는 선동仙洞, 토굴土窟은 식암息庵이라 했다.

청평거사는 주로 칠처증심七處證心과 진심眞心과 여래장如來藏을 설명했다. 수행방법으로는 반문문성反聞聞性을 강조하였다. 청평거사가 말한다.

> "내가 대장경大藏經을 두루 열람하였는데, 수능엄경首楞嚴經이 곧 심종心宗에 부인符印하며, 중요한길을 밝히고 있는데, 선禪을 공부하는 사람이 어찌하여 능엄경楞嚴經을 읽지 않는지 알 수 없다. 참으로 탄식할 일이다."

1121년 60세 무렵, 청평거사는 왕명王命으로 능엄법회楞嚴法會를 열었다. 그때 제방의 선자禪者들이 모여 그의 강론講論을 듣고, 청평거사의 지혜를 찬탄하였다고 한다. 거사의 선설禪說은 예종睿宗에게 큰 감명을 주었다. 그리하여 예종睿宗이 여러 차례 청평거사를 만나기를 청했지만, 거사는 모두 거절했다. 뒷날 예종이 청평산을 찾아 거사에게 묻는다.

"수신修身과 양성養性의 적요가 무엇인고?"

"성품을 기르는 데는, 욕심을 적게 하는 것이 최상입니다."

라 답했다. 수신과욕修身寡欲은 맹자에 나오는 말이다. 청평거사가 수양修養의 처음을 말한 것이다. 청평거사는 선종禪宗의 혜조국사慧照國師 담진曇眞과 깊은 교류했고, 대감국사大鑑國師 탄연坦然과도 법연法緣을 맺었다. 그러나 당시 교종敎宗인 화엄종華嚴宗과 법상종法相宗의 다툼에는 멀리하고 비판하지 않았다.

청평거사 이자현의 제자에 지원知遠과 조원祖遠등이 있다. 조원祖遠은 이자현의 뒤를 이어 문수원의 주지를 맡았다.[眞樂公重修淸平山文殊院記에 보인다]. 청평거사 이자현의 능엄선楞嚴禪의 골간骨幹을 세 마디로 살펴보면 다음과 같다.

첫 마디, 선사상사禪思想史에서 보면 능엄선楞嚴禪은 독특한 지위를 가진다고 해야 할 것이다. 능엄선楞嚴禪은 능엄경楞嚴經에 기반하여 선도리禪道理를 펴는 것이기 때문이다. 능엄경楞嚴經에 기반하므로 그 설說은 교敎에 가깝고, 그 설이 직지直指의 묘행妙行으로 귀결되므로 선禪의 체體를 갖춘 것이기 때문이다.

둘째 마디, 이인로李仁老의 파한집破閑集에 따르면, "해동海東에 심법心法이 유포된 데는 이자현李資玄의 공로가 지대하다"고 하였다. 청평거사 이전에 대각국사大覺國師 의천義天이 능엄경楞嚴經을 종경宗經으로 삼았으나, 능엄선楞嚴禪으로 회통會通하지 못했다. 이규보李奎報는 청평거사를 존숭했으며, 만년에 불교에 심취深醉하였다. 이규보는 이자현李資玄의 설을 따르며 능엄경楞嚴經에 취해 독서삼매讀書三昧로써 공부로 삼았다.

셋째 마디, 능엄선楞嚴禪은 이자현에 의해 서고, 고려 선종禪宗의 지남이 되었으며, 이후 승가僧伽에 하나의 공부표준이 되었다.(淸平山文殊院記에 보인다) 능엄선楞嚴禪에 영향받은 대표적인 인물이 희양산문曦陽山門의 승형承逈(1171~1221)이다. 승형의 시호諡號는 원진국사圓眞國師이다. 승형은 이자현보다 백년뒤의 인물인데, 대감국사大鑑國師 탄연坦然이 쓴 청평산문수원기淸平山文殊院記를 보고 크게 감명 받았다. 승형承逈이 능엄경楞嚴經을 펼치게 된 유래와 업적이 보경사寶鏡寺의 원진국사圓眞國師 비문碑文에 드러나 있다.

"대사[承迴]는 청평산에 가서 진락공眞樂公의 유적을 방문하고 문수원기에 '이자현이 문인에게 수능엄은 심종心宗의 요체이고, 긴요한 이치를 담고 있다'고 한 부분에서 깊게 감동받았다. 승형承迴은 문성암聞聲庵의주지가 되자, 능엄경을 통독通讀하여 제상諸相이 환幻임을 꿰뚫어 알았고, 자심自心의 광대함을 확인했다 …… 능엄경으로서 최상을 삼았으니, 이러한 경향이 세상에 성행하기는 승형承迴대사로부터 비롯되었다."

승형承迴은 입적入寂하던 해에도 강회講會에서 능엄경楞嚴經을 강의하였다. 상고컨대 능엄선楞嚴禪은 대각국사 의천義天, 청평거사 이자현李資玄, 대감국사 탄연坦然, 원진국사圓眞國師 승형承迴으로 이어져서 조선조에서도 능엄경이 승원僧院의 사교四敎에 들었으며, 우재愚齋 이이李珥가 19세에 금강산에서 능엄경을 천독千讀하여 견성見性한 일화가 있다.

이에는 청평거사淸平居士 이자현李資玄이 능엄경楞嚴經에서 자증自證하고, 조사선祖師禪의 적요摘要를 능엄경의 종요宗要로써 설명한 공이 있는 것이다. 원효元曉대사 이후로 고려조에서 선禪과 교敎를 한줄기로 회통會通하여 설說한 이는 청평거사淸平居士라 할 것이다.

청평거사淸平居士는 곧 능엄선楞嚴禪의 개조開祖인 것이다.

24. 보조국사 普照國師 1158~1210 景文王時節

보조지눌국사普照知訥國師는 고려중기 경문왕景文王 때의 고승高僧이자, 선종禪宗의 중흥조이다. 속성俗姓은 정鄭씨요, 자호自號는 목우자牧牛子이며 황해도 서흥瑞興사람이다.

아버지는 국학國學의 학정學正을 지낸 광우光遇이다. 태어날 때부터 허약하고 병이 잦아 백방으로 약을 구하여 썼으나 효험이 없자, 아버지는 불전佛殿에 기도를 올려 병이 나으면 자식을 부처님에게 바치겠다고 맹세하였다. 그 뒤 병이 깨끗이 나았으므로 8세에 구산선문九山禪門 중 사굴산파四堀山派에 속하던 종휘宗暉에게 나아가 승려가 되었다. 혹 화산권법사花山勸法師에게 중이 되었다고도 한다.

간경看經과 묵좌默坐를 겸하여 밤낮을 잊은 구도의 과정에 1182년 승과僧科에 급제하였다. 이후, 전남 청량사淸凉寺에서 육조단경六祖壇經을 열람하다가,

> "진여자성眞如自性이 생각을 일으키매 육근六根이 보고 듣고 깨달아 알지만, 그 진여자성眞如自性은 바깥 경계境界

때문에 물들어 더럽혀지는 것이 아니며 항상 자유롭고 자재하다."

는 구절에 이르러 문득 깨달았으니, 곧 처음 지견知見이 열린 때이다. 당시의 불교계는 선종禪宗과 교종敎宗이 대립하여, 서로의 우열優劣을 논하면서 시비是非를 일삼았다. 이에 지눌知訥은 선禪과 교敎, 모두가 부처님으로부터 비롯된 것이라 하고는, 삼년 동안 위법망구爲法忘軀하여 응심부동凝心不動하다가 화엄경華嚴經의 여래출현품如來出現品을 보다가 크게 깨쳤으니,

"여래如來의 지혜智慧가 중생의 몸 가운데 있건만, 어리석은 범부는 스스로 알지 못하도다."

라는 구절을 읽다가 홀연히 개오開悟한 것이다. 개오 연후에 배우는 이들을 향해,

"부처님의 말씀이 교敎가 되고 조사祖師께서 마음으로 전한 것이 선禪이 되었나니, 부처님의 마음과 조사祖師의 말씀이 서로 어긋나지 않거늘, 어찌 근원根源을 구하지 않고, 각기 익힌 것에 집착하여 부질없이 쟁론爭論을 일으키며 헛되이 세월만 소비하는가."

하며 선교일여禪敎一如를 표방하고, 원돈성불론圓頓成佛論을

지어 원돈관문圓頓觀門의 묘리를 드러내었다. 정혜결사문定慧結社文에서 마음을 바로 닦음으로써 미혹한 중생이 곧바로 부처가 되는 길을 천명하였고, 그 방법은 정定과 혜慧를 함께 닦는 정혜쌍수定慧雙修라 하였다.

도의선사道義禪師로부터 심인心印을 받아 송광사松廣寺에서 막혜莫惠와 문도門徒 팔백여 명을 거느리고 선교禪敎 양종兩宗을 겸비하니 현풍玄風이 진동하였다. 지눌知訥스님의 젊은 시절의 일화를 소개한다.

지눌知訥스님이 젊어서 토굴土窟생활을 하는데 하루는 밤에 두 사람의 사미동자沙彌童子가 와서 말한다. "산 넘어 절에서 공양을 잡수시라고 모셔오라 하였으니 제 등에 업히십시오." 업혀 따라가니 얼마 후 사람소리가 요란해서 살펴보니, 자신은 큰 법당 부처님 탁자 위에 앉아 있고, 중국의 스님들이 수백 명이나 둘러 앉아 있었다.

필담筆談으로 통해보니 중국천자中國天子가 등창병이 나서 오백나한전五百羅漢殿에 기도를 올리는 중이었다. 천자天子가 보기를 원하므로 보조국사가 황궁에 가서 손으로 등을 어루만지니 열흘이 지나지 않아 완치되었다. 천자天子가 원을 물으니 보조국사普照國師가 말한다.

"둘째 황자皇子를 도승道僧을 만들고자 합니다."

황자도 쾌히 따라 가겠다 하므로 바다 길로 귀국하는데 배가 자꾸 갈아 앉을 듯하니, 보조국사가 황자에게 버선을 벗어 머리 위에 얹게 하니 배가 물위로 솟았다.

귀국하여 송광사松廣寺로 온 뒤 토굴土窟을 짓고 황자皇子를 지도하여 사흘 만에 견성見性케 하니 토굴 이름을 삼일암三日庵이라 하였다.

이 일의 소이연所以然은 스님이 전생에 만행수좌萬行首座로 팔방八方으로 돌아다니다가 날이 저물어 한 산촌山村의 민가에서 하룻밤을 지냈다. 그 집에서 없는 살림에 정성껏 대접했으나 이불도 없이 고르지 못한 방바닥에서 잠을 잤다. 스님이 잘 때 등이 배겨 약간의 고苦를 받았으므로 산촌山村의 집 주인이 천자天子의 몸이 되었으나 등창의 보報를 받게 된 것이라 한다.

산촌山村의 사람이 보조국사普照國師를 정성껏 대접한 공덕으로 내외內外가 중국의 천자天子와 황후皇后로 태어나게 된 것이다. 그러나 등을 배기게 한 과보果報로 등창을 앓게 된 것이니, 등창은 인과因果로 발병한 것이라, 십육나한十六羅漢도 어찌 할 수 없고, 오직 보조국사普照國師 만이 병病을 낳게 할 수 있는 것이라 한다. 이는 설화說話이나, 그 경지가 아니면 알 수 없는 바라, 실제實際의 일이 아니라고 할 수 없다.

보조지눌普照知訥 스님의 저술著述 가운데 으뜸은 수심결修心訣이라 한다. 선말鮮末의 경허鏡虛, 혜월慧月, 운봉雲峯 등은 수심결의 "단지불회但只不會면 시즉견성是卽見性" 구절을 가리키고, 그 적해的解를 물어 지견知見의 정도를 가름하는 잣대로 삼았으니 뒷사람이 살펴보아야 할 자리라 하겠다.

지눌知訥스님은 고려국高麗國에서 으뜸가는 도인道人이다. 종년의 거처인 송광사松廣寺를 중심으로 하여 십여 년 동안 선풍禪風을 일으켰다.

1210년 3월 27일 법당法堂에서 대중을 모아, 종요宗要의 문답問答을 끝낸 뒤, 주장자로 법상法床을 세 번 치고는,

"천千가지 만萬가지가 모두 이 속에 있나니라."

하고는 법상法床에 앉아서 수연粹然히 입적入寂하였다. 세수는 칠십칠 세요, 다비茶毘 후 사리舍利가 나오고 방광放光 하였다.

저서著書로는 정혜결사문定慧結社文 1권, 계초심학인문誡初心學人文 1권, 원돈성불론圓頓成佛論 1권, 화엄론절요華嚴論節要 3권, 간화결의론看話決疑論 1권, 염불요문念佛要門 1권, 상당록上堂錄 1권 등이 있다. 입적 후 국사國師로 추증되었으며, 시호는 불일보조佛日普照, 탑호塔號는 감로甘露이다.

25. 나옹선사 懶翁禪師 恭愍王 시절

나옹懶翁스님은 고려 공민왕恭愍王 때에 영해寧海 양지리 불지촌佛地村에서 태어났다. 속성은 아씨牙氏요 법명은 혜근惠勤이다. 아비가 무거운 죄를 짓고 달아남에, 만삭이 된 어미가 잡혀가다 숲속에서 해산하고는 관아官衙에 끌려갔다. 고을 원이 사연을 듣고 나옹의 어미를 석방하였다.

어미가 숲속으로 돌아오니 백구白鷗들이 나래를 펴서 아이를 둘러싸고 있었다. 이 아이가 나옹懶翁스님이다. 십여 세에 출가하여 금강산과 오대산에서 참선공부를 하여 개오開悟하였다. 무사자오無師自悟한 것이다. 중국으로 가 평산平山스님을 참배하니 말하되,

"어디서 왔느냐?"

"고려국高麗國에서 왔습니다."

고려국이 어디냐?"

"금월今月 이십오일二十五日입니다."

하니 평산平山스님이 반가와 하며 이른다.

"내가 이후는 발을 펴고 자겠다."

나옹懶翁스님은 공민왕 때 왕사王師가 되었으나 공민왕이 신돈辛旽의 말을 들어 정도正道가 흐려졌다. 바랑을 지고 떠나 오대산 월정사月精寺 뒤에 가마니 거적으로 토굴을 짓고 동냥을 하며 지냈다.

동짓날에 혹시 팥죽이나 얻어먹을까하여 가다가 칡넝쿨에 걸려 넘어 지는 바람에 바리[鉢盂]가 산산 조각이 났다.

"나를 보호하는 신장神將이 없느냐?"

하니 한 노인이 나타나서 절하며 이른다.

"제 불찰不察이 올시다. 저는 이 오대산에 거주하는 산신山神이온데, 명년부터는 칡넝쿨을 한자 이상은 자라지 못 하도록 하고, 또 지공支供할 시주施主를 천거薦擧하겠습니다"

"그것은 원치 않고 월정사月精寺스님들을 잘 보호해 공부工夫에 지장이 없도록 하시라!"

하고 그 곳을 떠나 여주 신륵사神勒寺에 거처하다가, 하루는 손수 다비茶毘할 나무를 쌓아 놓고 앉아서 입적入寂에 드니, 스님의 사리舍利를 벽사壁寺에 모셨다.

26. 원정국사 元禎國師 朝鮮의 國師

원정국사元禎國師는 조선朝鮮의 국사國師로 속명俗名은 조한용曹漢龍이요 법명法名은 도연道衍이다. 고려 공민왕 때 참의장군參議將軍이다. 불사이군不事二君을 내세우며 조선에 불사不仕한다고 표방함으로 이방원李芳遠이 반역으로 다스리려 하니 이성계李成桂가 말하였다.

"반역反逆한 일이 없는데 불복不服한다고 벌을 주지마라. 전조前朝로 보아서는 충신이 아니냐?"

석방된 후 세상을 버리고 수도하면서 여생을 보내리라 작심하고 출가하여 십년간 두문불출杜門不出하였으니 곧 두문동杜門洞 칠십이 인의 한 사람이다. 후에 어미의 병환이 위독하여 집에 돌아오니 어미가 통곡하며 말한다.

"내가 어찌 머리 깎고 온 자식을 본단 말인가?"

하니 원정스님元禎國師이 하인을 시켜 '빗과 물을 가지고 오라' 하여 머리를 감고 빗질을 하니 머리가 금방 자랐다. 곧 상투를 틀고 도포를 입고서 어미에게 절을 했다. 어미가 놀라니 원정스님元禎國師이 말했다.

"어머니! 세상에서의 높은 벼슬이 어찌 도道를 밝힌 스님에 비교하겠습니까?"

어미가 크게 기뻐하여 말했다.

"네가 도승道僧이 될 줄을 누가 알았겠느냐?"

장군將軍으로 세속世俗에 머물다가, 늦게 중이 되어 개오開悟한, 원정국사元禎國師는 대법大法을 드날리며 여생을 불법佛法의 홍포弘布에 힘썼다.

27. 벽계선사 碧溪禪師 朝鮮 初

벽계선사碧溪禪師는 조선 초의 스님으로 속성俗姓은 최씨崔氏요 금산錦山 사람으로 법명法名은 정심正心이다. 명나라에 들어가 임제종臨濟宗 총통화상總統和尙의 심인心印을 받고 돌아와 귀곡각운龜谷覺雲선사의 법제자法弟子가 되었다.

선禪 교敎를 겸전한 스님이다. 시운時運이 좋지 않아 세종世宗이 하세下世하고 문종文宗이 즉위하니, 유생儒生들이 불법佛法을 말살할 계획으로 불교는 민중에게 덕이 되지 못한다고 상소하여 팔도八道에 영을 내리기를,

"불도佛道라는 것은 윤리倫理에 어긋나는 것이다. 금년으로 한하여 따르지 않는 자는 잡아서 죽이라."

하고 절 재산을 국유國有로 하고, 비구比丘는 상투를 짜고, 비구니比丘尼는 비녀를 꽂고, 서로 합쳐서 농사를 지어 생활하도록 하였으며, 사원寺院의 불상佛像은 없애라고 하였다. 이것은 문종文宗 때의 팔학사八學士가 주동한 것이다.

이에 벽계碧溪스님도 머리를 길러 상투를 틀고 최상궁과 같이 절을 떠나 황간黃澗으로 가서 화전火田으로 생활하다

가 하루는 초발심자경문初發心自警文을 들고, 노변路邊에서 어떤 장군이 지나는 옆에 부복俯伏하니, 장군이 그 자리에서 초발심자경문初發心自警文의 내용을 읽는다. 그 책을 장군에게 주고 돌아왔다. 또 부인과 먼 길을 가시는데 영상嶺上에서 물을 드시고 표주박을 잊고 왔다. 몇 달 후 표주박을 찾다가 고개 위에 두고 온 것을 기억하고 부인에게 찾아오라 하니 부인이 말한다.

> "사람들이 내왕來往하는 길에 둔 것이 지금까지 있겠습니까?"
> "나는 전생前生에 남의 물건을 몰래 가져본 일이 없으니 가서 찾아오시오."

라 하여 가보니 과연 표주박이 그대로 있었다. 문종文宗이 재위 이년 만에 붕어崩御하고, 어린 단종端宗이 즉위하니 군약신강君弱臣强이라. 수양대군首陽大君이 삼년 만에 단종을 상왕上王으로 모셨다가 몰아내니 곧 세조世祖이다. 세조가 말한다.

> "우리의 천년문화千年文化요, 백성의 귀의처歸依處인 불도佛道를 회복하라."

하여 사원寺院을 복구하고 종로에 원각사圓覺寺를 짓고, 탑塔을 조성하였다. 그리하여 승풍僧風이 상당히 회복되었다.

어느 날, 벽계碧溪스님에게 한 선비가 찾아왔다. 돌아보니 전에 초발심자경문初發心自警文을 가져간 그 장군이다. 선비가 말한다.

"불도佛道를 배우러 왔습니다."

"그러시오. 그러나 나는 이곳에서 화전火田생활을 하고 있으니 같이 농사도 하고 나무도 해야 되오."

"도道만 배울 수 있다면 무엇인들 못하겠습니까!"

그리하여 지음知音이란 이름으로 삼년을 지냈다. 생각하니 도道를 배우러 왔으나, 올 때나 지금이나 마찬가지이니 헛고생만 했다고 생각하며 벽계碧溪의 부인에게 말한다.

"오늘 고향으로 돌아가려 합니다."

"왜 간다고 합니까?"

"도道를 배우러 왔으나 일만 시키니 돌아가고자 합니다."

"가시더라도 스님이나 보고 가시지요."

그러나 선비는 그대로 떠났다가 길에서 벽계碧溪스님을 만났다.

"이 사람아! 어디로 가는가?"

"고향으로 돌아갑니다."

"왜 도道를 배우지 않고 가는가?"

"스님 저에게 도道를 가르친 일이 있습니까?"

"허허 이 사람아! 그 이상 어떻게 가르친단 말인가?"

"무슨 도道를 어떻게 가르쳤습니까?"

"내가, 일어나거라! 밥 먹자! 저리 가거라! 이리 오너라! 화전火田을 일구어라! 나무해 오너라! 이렇게 하루에도 몇 번씩이나 말했는지 아느냐? 애달프구나! 지음知音아!"

라고 벽계스님이 말하니, 지음知音이 언하言下에 개오開悟하였다. 지음知音선비의 얼굴에 흐르는 감루感淚가 옷깃을 적셨다. 지음知音 선비가 땅에 엎드려 말한다.

"스님의 중하신 은혜를 어찌 갚으리까?"

"은혜를 은혜로 아는 날에 은혜는 다 갚아진 것이다. 앞으로 광제중생廣濟衆生하라. 자네가 장군으로 행진할 적에 초발심자경문初發心自警文을 건네준 것은 오늘 법法을 전해 주기 위함이니라. 내가 자네를 지음知音이라 한 것이 참으로 지음知音이로다."

이 지음知音선비가 바로 벽송지엄선사碧松智儼禪師이다. 뒤에 지음知音을 지엄智儼으로 고쳤다. 그리고 벽송지엄碧松智儼의 제자가 부용영관선사芙蓉靈觀禪師요. 부용영관의 제자가 청허휴정선사淸虛休靜禪師이다.

이후 벽계碧溪스님은 다시 절에 들어가지 않고 황간黃澗에서 입적하니, 다비荼毘하지 않고 매장埋葬했다고 한다.

28. 보우선사 普雨禪師

허응당虛應堂 보우선사普雨禪師는 조선 명종明宗 때 사람이다. 법호法號는 허응虛應이요. 강원도 인재태생으로 십여 세에 백담사百潭寺에서 출가하였다. 용모가 떠오르는 달과 같이 준수하고, 힘이 장사였으며, 음성音聲이 웅장雄壯하고, 걸음은 호보虎步였고, 눈은 샛별 같았다.

보우선사普雨禪師는 중국고승中國高僧의 환생還生이라 한다. 문학으로는 유불儒佛의 경서經書를 통달하였으며, 독로자명獨露自明한 선사禪師이다. 보우普雨선사는 선리禪理에 통하지 아니함이 없었다. 당시의 선지식인 부용영관芙蓉靈觀선사가 인가認可하였다. 백담사에서 해맑은 선납禪納들을 지도하던 중, 수렴청정垂簾聽政하던 문정왕후文定王后가 강원감사인 정만종鄭萬鍾에게 명령하여 보우스님을 맞이하니 봉은사奉恩寺에 와서 주석住錫하였다.

보우스님은 양주 회암사檜巖寺를 조선제일의 수선장修禪場으로 하고, 양주 봉선사奉先寺를 교종敎宗의 수사찰首寺刹로 삼아 선교禪敎 양종兩宗을 크게 일으켰다. 승과僧科를 부활시켜 선과禪科는 봉은사奉恩寺, 교과敎科는 봉선사奉先寺에서 실시하였다. 이때 젊은 서산西山스님을 배출하였다.

본래 선과禪科는 전등염송傳燈拈頌으로, 교과는 화엄경華嚴經 삼현십지품三賢十地品에서 출제하는 것이 고려 때부터의 관례였다. 이때 보우스님은 선과禪科는 능엄경楞嚴經의 세계기시품世界起時品의 「청정본연淸淨本然 운하홀생산하대지云何忽生山河大地」를 과제科第로 하였다. 서산西山스님이 「淸淨本然故인댄 云何忽生山河大地리오」라 답하여 장원이 되었다. 이는 두 분의 견처見處가 통한 것이다.

서산스님이 뒷날, 사명스님을 시험할 때도 「청정본연淸淨本然 운하홀생산하대지云何忽生山河大地」를 물었다.

보우스님이 궁중에서 왕후이하 여러분에게 법화경法華經을 설하시는데 갑자기 마당에서 백련화白蓮花가 솟아오르니 향기가 뜰에 가득한지라 청법聽法 대중이 경탄하여 보살菩薩의 강림降臨이라 하였다. 명종明宗 이십년 회암사檜巖寺에서 초팔일 준비를 하는데 전날 저녁 제자를 불러서 말하였다.

"오늘 문정왕후文定王后가 승하昇遐할 것이니 그러면 영의정 윤원형尹元衡일파가 몰락하여, 윤원형과 정란정은 평안도로 도주하고, 나는 제주도로 귀양 가게 된다. 이 절은 유생儒生들이 방화하고, 중은 도성都城의 사대문 출입이 금지되며, 사대부士大夫와 부인들은 절 출입을 못하게 된다. 앞으로 승려로 출가를 못하게 하여, 이 나라의 불법佛法은 오래토록 명맥命脈이 끊어지게 될 것이다."

대중스님들이 눈물을 흘리며 "장차 어찌 하리이까?" 하니,

"너희들은 너무 슬퍼하지 말라! 내가 제주도에 가서 죽은 후라도 다시 와 불법佛法의 불씨를 살리리라."

고 하였다. 이튿날이 초파일이라 사방에서 몰려드는 대중을 위하여 사시巳時에 몇 가마의 쌀로 마지를 짓는데, 별안간 솥뚜껑이 부엌바닥으로 떨어지면서 밥이 폭발하여 튀었다. 부엌이 밥 천지가 되더니 곧 금부나졸이 몰려오면서 외친다.

"어명이다 요승妖僧 보우普雨는 오라를 받아라."

이리하여 보우스님을 제주도로 귀양 보내고, 절에 불을 지르니, 화광이 충천하여 구름 같은 연기가 해를 가렸다. 이것이 어찌 회암사檜巖寺의 변에 그침이리오. 조선의 모든 절에 탄압의 손길이 뻗게 되었다. 문정왕후의 승하를 기화로 하여, 유생들이 억불抑佛을 단행한 것이다. 이후 승려는 사람 구실을 못하게 되고, 시주施主가 끊어지니, 가까스로 탁발托鉢 하여 명맥을 이었다. 삼년이 지난 어느 날, 봉은사

제자들 가운데 삼사三四 인의 꿈에 보우스님이 나타나서 이른다.

> "너희들은 들거라. 내가 불법佛法의 불씨를 살리기 위해 제주도 말이 되어 군마軍馬로 뽑혀 온다. 내일 아침 일찍이 해 돋을 무렵 큰 길 가에 나가면 수백 마리 말 중에, 맨 끝에 따라 오는 것이 나[普雨]이니 죽粥 한통을 주도록 하라."

제자들이 말죽을 쑤어 올리고 통고通告를 하니, 말과 제자들이 모두 눈물을 흘렸다. 이곳을 보우普雨선사가 말이 되어 죽粥을 먹은 곳이라 하여, 지금 세상에 거리 이름을 말죽거리라 한다. 때는 명종明宗이 승하하고 선조宣祖가 즉위한 때이다. 보우스님의 제자들이 이 말에 표식表式을 하고 선조宣祖에게 상소上疏 하였다.

선조宣祖는 이 말[普雨]을 궁중에서 별감別監으로 하여금 시중을 들게 하였다. 말고삐 없이 사람처럼 대접하고 말 이름을 벌대총伐大驄이라 하였다. 또한 승려僧侶의 사대문四大門 출입금지와 사대부士大夫의 사원寺院 출입금지를 해제하여, 전과같이 불법佛法을 봉행하여 핍박逼迫하지 말라고 하였다.

선조先祖 자신도 불법佛法을 좋아하여 능엄경楞嚴經을 백

독百讀하였으며, 화엄경華嚴經 원각경圓覺經 기신론起信論 인천안목人天眼目 영가집永嘉集 등을 읽어 불법에 대한 지식과 신뢰信賴가 상당하였다.

선조가 불법佛法에 조예造詣가 깊은 것은 율곡栗谷 이이李珥와의 대화에서 증명된 바가 여러 번이다. 선조는 불법을 경원警遠하는 일부 유생儒生들을 면직免職시키기도 하였다.

벌대총伐大驄은 앞 보름은 궁중宮中에 있고, 뒷 보름은 강화도 마니산摩尼山에 가서 풀을 먹게 했다. 가고 오는 길에 꼭 양천陽川고을에 들러 점심點心으로 죽粥을 먹게 하였으니, 양천고을 원도 정성을 다하여 시중을 들었다. 어느 날 밤 선조의 꿈에 보우스님이 현몽하여 이른다.

> "전하殿下께서 불법을 부흥復興시켜 주시니 그 은혜가 망극 합니다. 산승山僧이 다시 사바세계娑婆世界에 오게 된 것은 불법을 부흥하고 나라와 만백성을 구하게 하고자 함입니다. 또한 산승이 전하殿下를 공경하는 마음이 있사오니, 한번 등에 타 주시기 바랍니다."

선조宣祖가 이른다.

> "내가 어찌 성인聖人의 등에 올라타리오."

하고는 내관內官에게 호피虎皮를 등에 얹었다가 가져 오라 하였다. 선조가 생각키에 보우화상이 몸을 바꾸려고 꿈에 나타나 말한 것이라 생각하고 말한다.

> "금후 벌대총이 죽었다고 고告하는 사람은 참斬하리라."

하였는데, 벌대총伐大驄이 마니산摩尼山 가는 길에 양천陽川에서 죽粥을 먹고는 죽었다. 고을 원이 두려워하며 이항복李恒福대감에게 알리니, 이항복이 선조에게 말한다.

> "벌대총伐大驄이 양천陽川에서 누워, 죽粥을 아니 먹은 지가 삼일이고, 눈을 뜨지 않은 지가 삼일이라 합니다."

선조가 엉겁결에 "그러면 죽은 것이 아니냐?" 하였다.

이후에 우두커니 있는 사람을 일러 '양천陽川 원님 죽은 말 지키듯 한다.'는 말이 생겼다.

보우화상普雨和尙은 화현보살化現菩薩이다. 보우화상普雨和尙에 대해 서산대사西山大師가 이른다.

> "보우대사께서는 눈에는 색色에 집착하지 않는 공부가 있고, 귀에는 소리[聲]에 집착하지 않는 공부가 있다. 그러므로 스님은 항상 말과 행동行動과 용모容貌가 한결 같았다."

사명四溟대사가 이른다.

> "우리 普雨대사께서는 동방東方의 외지고 좁은 땅에 태어

나 백세 동안 전해지지 못했던 도道의 실마리를 열어 오늘날 배우는 자들이 이에 힘입어 그 돌아갈 바를 얻게 하시고, 이 도道로 하여금 마침내 사라지거나 끊어지지 않게 하시었다. 대사大師가 아니었으면 영산靈山의 풍류風流와 소림少林의 곡조曲調가 없어질 번하였다. 이를 상고詳考하여 논論하건대, 천고千古에 홀로 오셨다가 홀로 가신 분이라 하겠다."

29. 청허대사 淸虛大師

청허휴정선사淸虛休靜禪師는 묘향산에 오래 주석하여 서산대사西山大師라고도 한다. 속성俗姓은 최씨崔氏요 본관은 금주金州이며, 법명法名은 휴정休靜이요 법호法號는 청허淸虛이다.

조선 중종中宗 때에 평안도 안주에서 기자능참봉箕子陵參奉의 독자로 태어났다. 모母 김씨가 사십이 넘어 생남生男을 발원하니 어느 날 꿈에 백의노파白衣老婆가 동자를 안고 와서 "이 아이를 너에게 줄 터이니 받아서 잘 기르라." 하였다. 깨어보니 꿈이라, 열 달 후에 아들을 낳으니, 다시 꿈에 백의노파白衣老婆가 나타나서 이른다.

"아이 이름을 운학雲鶴이라 하라."

구세 되던 해 모母가 별세別世하고, 다음해에 부가 기세棄世하니 안주목사가 입양하여 글을 가르쳤다. 재주가 비상하여 신동神童이라는 소문이 나니, 왕이 서울로 올려 보내라하여 성균관成均館에서 수학하였다. 때때로 세자 앞에서 대독代讀을 했다. 십구 세에 친구들과 두류산頭流山으로 놀러갔다. 하동 쌍계사雙溪寺에 유숙하던 중, 불경佛經을 읽고는 「인생에 생사고生死苦를 벗어나는 법이 있다면, 이 공부를 아니 하고 무엇을 할 것인가?」 하고는 영관靈觀스님에게 나아가 중이 되었다.

나라에서는 중종中宗이 부마駙馬감으로 염두에 두고 있었는데, 돌아오지 않으니 파발擺撥을 보내 데려 오려 했으나, 벌써 삭발위승削髮爲僧하여 백팔염주百八念珠를 목에 걸고 경經을 읽고 있어 단념했다 한다.

그 후, 청허淸虛스님은 부처님의 일대종교一代宗敎를 모두 열람하고 영관靈觀스님으로부터 「정전백수자庭前栢樹子」 화두를 받아, 주야로 달마조사가 동토로 오신 뜻을 묻는데 어찌하여 「뜰 앞의 잣나무라」 했을까를 알고자 팔년八年을 노력하다가, 금강산 구경을 하기 위하여 동해안의 양양襄陽에 갔다. 도착하니 점심때였다. 한낮의 장닭 우는 소리를 듣고 개오開悟하였다. 게송을 읊는다.

머리 세어도 마음은 늙지 않는다고
옛사람이 일찍이 누설漏泄하였네.
지금 낮닭 우는 소리 듣고서
장부丈夫의 일, 마쳤도다.

髮白非心白　발백비심백
古人曾漏泄　고인증누설
今聽一鷄聲　금청일계성
丈夫能事畢　장부능사필

이것은 청허선사淸虛禪師의 천망지견天網知見 개오처開悟處이다. 금청일계성今聽一鷄聲을 양양오계성襄陽午鷄聲으로 전하는 본本도 있다. 청허스님이 금강산 유점사楡岾寺 당도하여 또 읊는다.

홀연히 본래 집에 돌아 왔나니
일 마다 다만 이 마음.
팔만사천 금보장金寶藏
원래 하나의 빈종이.

忽得自家底　홀득자가저
頭頭只此爾　두두지차이
萬千金寶藏　만천금보장
元是一空紙　원시일공지

두 번째 오도게悟道偈는 앞 개오게開悟偈의 필必자에 약간의 허물이 있음을 지운 것이다. 그 후 금강산 유점사楡岾寺의 위, 이십 리에 있는 중내원中內院 암자庵子에서 이십팔 세에서 사십팔 세까지 이십 년간을 보림保任하여, 이후 임성수연任性隨緣하며 소요자재逍遙自在하였다.

한번은 동짓날에 불씨가 꺼졌다. 옛날에는 화로에 불씨를 간직했는데, 중내원中內院은 시월 초에 눈이 오면 이듬해 이월에야 출입할 수 있었다. 불씨가 꺼지면 낭패다-라고 생각하고 자리를 펴고 누워있으니 부엌의 아궁이에서 불타는 소리가 난다. 내다보니 불이 타고 있을 뿐 아니라 솥 안에 김이 모락모락 나는 팥죽이 한 그릇 들어있다. 이 연유를 못내 궁금히 여기고 이듬해 이월에 유점사楡岾寺에 내려오니 스님네들이 말한다.

"어디서 그리도 예쁜 상자아이를 데려 왔소?"

"나 혼자 사는데 상자라니요?"

"동짓날 십오세 가량의 상자아이가 중내원中內院에서 불씨를 얻으러 왔다기에 이 눈 속에 어떻게 왔나 생각하며 팥죽을 주니 달게 먹고 하는 말이 '우리 스님 드리게 한 바리 더 달라'고 해서 주어 보내며'저 눈발에 어린아이가 갈수 있을까' 하니 모두들 왔는데 못 가겠느냐? 하므로 보냈소."

청허스님이 이 말을 듣고 암자에 돌아와 곰곰이 생각하니 나한羅漢님이 아닌가? 하여 나한전羅漢殿엘 가니 십육나한十六羅漢 중의 한 분의 입에 팥죽이 말라붙어 있었다.

중내원암中內院庵에서 이십년이 되던 해, 만폭동萬瀑洞의 향로봉香爐峯 위에서 게송을 짓는다.

만국萬國의 도성이라 개미집 같고,
천가의 호걸이라 초병醋甁 속의 실벌레 같아라!
일창一窓의 명월로 청허淸虛의 베개 삼나니,
무한송풍이라 운율이 이러저러도다.

萬國都城如蟻垤　만국도성여의질
千家豪傑若醯鷄　천가호걸약혜계
一窓明月淸虛枕　일창명월청허침
無限松風韻不齊　무한송풍운부제

이 시를 읽고 강원감사가 불충不忠이라 체포하여 한양漢陽으로 압송하여 극형을 주장하였다. 때는 선조宣祖 즉위 이년二年이었다. 선조는 문장文章과 그림에 뛰어난 안목이 있었다. 조정이 들석이는 것을 보고 선조가 말한다.

"청허淸虛대사는 성균관成均館에 있을 때, 부마駙馬도 마다하고 출가하여 팔도강산을 유랑하며 문전걸식門前乞食으로 고행하던 중[僧]이다. 도성의 군신이 미물처럼 보인다는 것은 자긍심自矜心에서 나온 글이다. 마치 부처님이 정반왕궁淨飯王宮에서 태자위太子位를 버리고 설산雪山에 가서 고행하신 바와 다름이 없나니, 산으로 돌아가도록 함이 어떠한고?"

대신들이 모두 성려聖慮라 하였다. 선조가 영수목永壽木에 대나무 잎을 그려 주고, 생자生字와 성자聲字를 운자韻字로 놓고 화제畫題를 지어 보라 함에 청허淸虛대사가 읊는다.

소상강瀟湘江 반죽斑竹 한 가지가,
임금님 붓끝에서 생겨났도다.
산에 사는 중, 향기 익은 곳에,
잎마다 가을 소리를 띠었도다.

瀟湘一枝竹 소상일지죽
聖主筆端生 성주필단생
山僧香熟處 산승향숙처
葉葉帶秋聲 엽엽대추성

선조宣祖가 화답和答한다.

잎은 터럭 끝에서 생겨났고,
뿌리는 땅에서 생긴 것이 아니로다.
달이 와도 그림자 볼 수 없고,
바람은 부나 소리는 들을 수 없네.

葉自毫端出 엽자호단출
根非地面生 근비지면생
月來無見影 월래무견영
風吹不聞聲 풍취불문성

청허淸虛스님은 하사받은 지팡이를 가지고 묘향산妙香山으로 들어가 평안감사의 도움으로 금선대金仙臺를 짓고 삼매三昧에 들었다. 임진란壬辰亂이 일어나 선조가 평양을 거쳐 의주로 몽진蒙塵하는 길에 영변에서 왕을 뵈니 선조가 눈물을 뿌렸다. 청허淸虛스님은 선조를 금선대金仙臺로 모셨다.

이덕형李德馨이 명나라에 청병請兵하여 이여송李如松 삼형제가 대군을 이끌고 구원케 하니, 이여송은 스님을 한번 보고 존경하여, 청하여 제자수계문弟子授戒文을 받고 전황지시戰況指示도 받았다고 한다.

전쟁이 끝난 후, 여든다섯이 되어 첫눈 아리는 날, 부처님 탑 앞의 눈을 쓸고 예배를 드리고 나서, 자리에 앉아 이향異香이 만실滿室한 가운데, 눈을 감고 입적入寂하였다. 시신을 다비茶毘하니 백여 과顆의 사리舍利가 나와 부도浮屠에 모셨다.

30. 우재거사 愚齋居士 1536~1584

우재愚齋는 율곡栗谷 이이李珥의 자호自號이다. 자字는 숙헌叔獻이요, 관향貫鄕은 덕수德水이다. 1536년 12월 26일 새벽, 강릉에서 출생하고 13세에 진사進士에 입격入格하였다. 16세에 모母 신사임당申師任堂이 기세棄世하여, 18세에 탈상脫喪하고 19세에 금강산金剛山 마하연사摩訶衍寺의 승려僧侶가 되었다.

중이 되자마자 능엄경楞嚴經을 천독千讀하였다. 능엄천독楞嚴千讀을 마칠 즈음, 응연凝然히 앉았는데, 홀연히 앞뒤의 시간이 끊어져 깊은 삼매三昧에 들었다. 그리고 사흘 뒤 출정出定하여 읊는다.

고기 뛰고 소리개 날아 위와 아래가 하나
저것은 색色도 아니고 공空도 아니거라.
등문일소等閒一笑하고 신세身世 보나니
석양 빗긴 숲속에 홀로 있구나.

魚躍鳶飛上下同　어약연비상하동
這般非色亦非空　저반비색역비공

等閒一笑看身世　등문일소간신세
獨立斜陽萬木中　독립사양만목중

어약연비魚躍鳶飛란 고기 뛰고 소리개[솔개] 나는 것이니, 곧 도심道心의 본래[故] 소식消息을 읊은 것이다. 이는 대도大道를 깨친 이의 소회所懷라, 범부의 정견情見으로 알 수 없는 경지이다. 우재愚齋가 19세의 나이에 개오開悟한 것이다. 우재禹齋가 또 읊는다.

서로가 헤어진 지 몇 해런가?
말을 하자하니 아득하여라.
전세에는 김시습이더니
금세에는 가랑선賈浪仙을 따르누나.
봄비 개인 뒤 산새가 우지지고
물 흐르는 마을, 석양이 저만치 섰구나.
만나고 헤어짐은 가지런해 애쓸 바 밖일세.
머리 들어 뜬 구름을 벽천碧天에 비춰 보게나!

東西分袂問幾年　동서분몌문기년
欲陳心思意茫然　욕진심사의망연
前身定是金時習　전신정시김시습
今世仍爲賈浪仙　금세잉위가랑선
山鳥一聲春雨後　산조일성춘우후
水村千里夕陽邊　수촌천리석양변

相逢相別渾無勞　상봉상별혼무로

回首浮雲照碧天　회수부운조벽천

위의 시는 우재愚齋 이이李珥가 개오開悟 후, 전세의 도반道伴, 심장원沈長源(1531~1607)에게 보낸 것이다. 심장원은 산림山林 속에 폐관수행閉關修行하는 선비이다. 심장원은 전세의 고승高僧으로써 이이李珥의 전세前世, 설잠雪岑시절의 도반道伴이라 한다. 설잠雪岑은 김시습의 승명僧名이다. 심장원沈長源은 고요히 묵좌默坐 하다가 일생을 마쳤다. 그의 경지가 예사롭지 않을 것이다.

이이李珥가 개오開悟한 뒤로 그의 경지境地를 분판分判할 선사禪師가 없었는데, 어느 날 청허휴정清虛休靜대사가 묘향산妙香山에서 금강산金剛山으로 왔다. 이이李珥가 인사 올리고 마주앉아 대화를 한다. 청허清虛대사는 이이李珥보다 십육세 위다.

李珥　공자와 석가는 누가 더 성인聖人입니까?

清虛　그대는 무엇을 보았는가? 성인의 도道는 무성무취無聲無臭요 마이불린磨而不磷이다.

李珥　불가佛家의 도가 유가儒家보다 나은 곳이 있습니까?

清虛　유가儒家에 마음이 부처[佛]라는 말이 있는가?

李珥　중용中庸에 "깨어있음이라 곧 밝음이요, 밝음이라 곧

깨어있음이니라."[誠卽明 明卽誠] 함이 착실합니다.

清虛 연비어약鳶飛魚躍이 무슨 뜻인가?

李珥 허공이 적연부동寂然不動으로 사시四時를 나툽니다.

清虛 적연무위寂然無爲란 어떤 것인가?

李珥 초부樵夫가 물 긷고 나무하는 산골에, 꽃이 피고 지며, 산새가 무사태평을 노래합니다.

清虛 일체의 마음[妄心]을 여의고 일러라.

李珥 이미 보였거니와 화상和尙께서 스스로 분별分別하십니다.

清虛 또 일러라.

李珥 (눈을 감고 고요히 앉아[良久] 있었다.)

清虛 비록 빛깔과 소리를 나투되, 유有와 무無에 방해롭지 않아야 조금은 밝음이 있다고 할 것이다. 자성自性에 맡겨 성성惺惺에 더욱 힘써라. 임성수연任性隨緣에 순숙하지 못하면 공부가 퇴보退步하니라. 그대는 세상 속에서 공부를 지어가며 불법佛法을 외호하라. 공부를 짓되 십이시十二時에 성성惺惺하지 아니하면 공부가 익은 것이 아닐세. 오직 성성惺惺이 귀하니라.

이러구러 청허휴정清虛休靜대사와 하직하고, 보응화상普應和尙과 함께 하산하였다. 강릉의 풍암豐巖 이광문李廣文의 초려草廬에서 하룻밤 머물었다. 다시 도심道心에 비친 세상과 설잠雪岑시절의 적취積翠를 회상하며 한 수 읊는다.

도道를 배운 즉 집착執着이 없으매라
인연따라 도처에 소요逍遙하네.
청학동靑鶴洞을 잠시 이별하고
여기 와서 백구주白鷗州를 완상하노라.
신세는 구름 천리요
건곤乾坤이라! 바다에 솟는 파도거품 같나니.
풍암의 초려草廬에 하룻밤 자고 가는 이
매월당[金時習]의 풍류風流가 비치도다.

學道卽無着　학도즉무착
隨緣到處遊　수연도처유
暫辭靑鶴洞　잠사청학동
來玩白鷗州　내완백구주
身世雲千里　신세운천리
乾坤海一頭　건곤해일두
草堂宿寄者　초당숙기자
梅月景風流　매월경풍류

뒷날 이이李珥는 김시습 시절의 행리行履를 모아 전傳을 짓는다. 이이李珥만이 김시습의 전傳을 지을 정취情趣가 있는 것이라 하겠다. 아래에 김시습전金時習傳의 대략을 추초抽草한다.

〈김시습전 金時習傳〉

김시습의 자는 열경悅卿이요, 본관은 강릉江陵이다. 1435년 세종 17년에 한성에서 시습時習이 태어났다. 김시습은 나면서부터 천품이 남달리 특이하여 생후 8개월 만에 스스로 글을 알았다. 최치운崔致雲이 보고서 기이하게 여겨 시습時習이라고 이름을 지었다. 시습은 말은 더디었지만, 정신은 영민하여 글을 볼 때 입으로는 읽지 못했으나 그 뜻은 모두 알았다. 세 살 때에 시詩를 지을 줄 알았고, 다섯 살에 중용中庸과 대학大學에 통달하니 사람들이 신동神童이라 하였다. 세종이 듣고 승정원承政院으로 불러 시詩로 시험하니 과연 빨리 지으면서도 아름다웠다. 하교下敎하기를,

"내가 친히 보고 싶으나 세속의 이목을 놀라게 할 듯하니, 그 가정에 권하여 드러내지 말고 잘 가르치도록 하게 하라. 그의 학업學業이 성취되기를 기다려 장차 크게 쓰리라."

하였다. 그때부터 이름을 부르지 않고 5세五歲라고 불렀다. 노산魯山(단종)이 3년 만에 왕위를 손양遜讓하게 되었는데, 이때 시습의 나이 21세였다. 삼각산三角山에서 글을 읽다가 소식端宗遜位을 듣고 즉시 문을 닫아걸고 3일 동안 바깥출입을 하지 않고 방성통곡放聲痛哭한 다음에, 읽고 쓰던 서책書册을 모조리 불살라 버리고 불문佛門에 들었다. 승명僧名은 설잠雪岑이다. 그는 못나고 키는 작았으나, 뛰어나게 호걸스럽고 재질이 영특하였으며, 대범하고 솔직하여 위의威儀가 없으며, 강직하여 남의 허물을 용납하지 못했다.

총명이 남달라 사서四書와 육경六經은 스승에게 배웠으나, 제자諸子와 백가서百家書는 배우지 않고도 섭렵하지 않은 것이 없었다. 한번 기억하면 일생 동안 잊지 않았기 때문에 평일에 글을 읽거나 책을 가지고 다니지 않았지만, 고금古今의 문적文籍을 꿰뚫지 않은 것이 없어, 질문을 받으면 응대하지 못하는 것이 없었다. 그의 문장은 물이 솟구치고 바람이 부는 것과도 같고, 산을 감추고 바다가 머금은 것과도 같으며, 신神이 선창하고 귀신鬼神이 답하는 것과도 같아, 보는 사람으로 하여금 그 실마리를 잡아내지 못하게 하였다.

선가禪家와 도가道家에 대해서도 대의大意를 알아서 그 근원을 탐구하였고, 선어禪語 짓기를 좋아하여 그 현묘玄妙하고 은미隱微한 뜻을 밝혀 천명하되, 환해서 막힌 데가 없기에 비록 학문에 깊은 노석老釋과 명승名僧들도 그의 논봉論鋒에는 항거할 수 없었다. 그의 선천적으로 뛰어난 자질資質은 이것으로도 알 수 있는 것이다. 일부러 광태狂態를 부려, 이성을 잃은 모양을 하여 진실을 가렸다. 그 행동거지가 종잡을 수 없었으므로 크게 속세俗世의 웃음거리가 되었다. 인망人望이 없는 인물이 고위 고관에 임명되었다는 것을 알게 되면 반드시 통곡하되, "이 백성이 무슨 죄가 있어서, 이 사람이 이 책임을 맡게 되었나." 하였다.

대신大臣 김수온金守溫과 서거정徐居正은 시습時習을 국사國士로 칭찬하였다. 서거정徐居正이 막 조정에 들어가느라고 행인을 물리치고 바삐 조회에 들어가는데, 마침 김시습이 남루한 옷에 새끼줄로 허리띠를 두르고 폐양자蔽陽子를 쓰고 지나다가 그 행차의 앞길을 범하게 되었다. 그리고 "강중剛中이 편안한가." 하였다. 서거정이 웃으며 대답하고 수레를 멈추어 이야기하니, 길 가던 사람들이 놀란 눈으로 서로 쳐다보았다.

김수온이 지성균관사知成均館事로서, "맹자가 양梁나라 혜왕惠王을 뵙다.[孟子見梁惠王]"라는 논제로 태학의 유생들을 시험하였다. 상사생上舍生 한 사람이 삼각산三角山에 있는 시습을 찾아가서, "괴애乖崖(김수온)가 장난을 좋아합니다. '맹자가 양나라 혜왕을 뵙다.'란 것이 어찌 논제가 될 수 있단 말입니까?" 하였다. 시습이 웃으며, "이 늙은이가 아니면 이 논제論題를 내지 못할 것이리라." 하더니, 붓을 들어 깜짝할 사이에 글을 지어서 주며, "자네가 지은 것이라 하고, 이 늙은이를 속여 보라." 하여, 상사생이 그 말대로 하였으나, 수온이 끝까지 다 읽기도 전에 문득, "열경悅卿이 지금 한성漢城 어느 산사山寺에 머물고 있는가?" 하였다. 김수온金守溫은 죽을 때, 조용히 앉아서 죽었다고 한다.

(김시습이) 드디어(47세) 안씨安氏의 딸에게 장가들어 가정을 이루었다. 벼슬을 하라고 권하는 이가 많았으나 시습은 끝까지 뜻을 굽히지 않고 의연하게 세속에 구애받지 않고 마음 내키는 대로 살아가기를 예전대로 하였다.

하루는 영의정 정창손鄭昌孫이 저자를 지나가는 것을 보고, 큰소리로, "이놈아, 그만두어라." 하고 소리쳤다. 그러나 창손은 못들은 체하고 지나갔다. 이 때문에 그를 위태롭게 여겨 벗들이 절교絶交하였는데, 오직 종실宗室 수천부정秀川

副正 이정은李貞恩과 남효온南孝溫 안응세安應世 홍유손洪裕孫 등 몇 사람들은 끝까지 변하지 않았다.

남효온이 시습에게 묻기를, "나의 소견所見은 어떠한가?" 하니, 시습이 답하기를, "창窓구멍으로 하늘 보기라." 하였다. 소견이 좁다는 말이다.

얼마 안 되어 그의 처가 죽으니, 그는 다시 산으로 돌아가서 두타頭陀(행각승)의 모습을 하였다. 강릉과 양양襄陽 등지로 돌아다니며 놀기를 좋아하고, 설악雪嶽 한계寒溪 청평淸平 등의 산에 많이 머물렀다. 시습이 말하기를 "뜻을 얻지 못하여 세상에 사는 것보다는 소요逍遙하며 한평생을 보내는 편이 낫다." 하였다.

홍치弘治 6년(1493)에 병이 들어 홍산鴻山 무량사無量寺에서 생을 마쳤으니 그의 나이 59세였다. 화장하지 말라는 유언에 따라 절 곁에 빈소殯所를 차려 놓아두었다가, 삼년 후에 빈실殯室을 열어보니 안색顔色이 살아 있는 것 같았다. 승도僧徒들이 놀라 모두 성불成佛하였다고 찬탄하고, 다비茶毘를 하여 그의 잔해殘骸를 취하여 부도浮屠를 만들었다.

그의 시문詩文은 거의 흩어져 십분의 일도 남아 있지 않은데 그것을 이자李耔 박상朴祥 윤춘년尹春年 등이 앞 다투어 수집해서 간행하였다. 시습과 같은 사람은 문장文章에 있어서는 나면서부터 터득했으니, 문장文章에도 날 때부터 아는 자가 있는 모양이다. 비록 빛과 그림자를 감추어 후세 사람들로 하여금 김시습이 있었던 줄 모르게 한들 무엇이 답답

할 것이 있었겠는가. 그러나 그는 절의節義를 세우고 윤기倫紀를 붙들어서 그의 뜻은 일월日月과 그 빛을 다투게 되고, 그의 풍성風聲을 듣는 이는 나약한 사람도 용동聳動하게 되니, 백세百歲의 스승이라 한다 하여도 지나친 말이 아닐 것이다.

이이李珥는 21세와 22세에 한성시漢城試에서 연달아 장원壯元하고, 24세에 천도책天道策으로 별시別試에서 장원하였으나, 대과大科에 낙방하였다. 낙방의 원인은 승려僧侶의 전력 때문이라 한다.

이이의 천도책天道策은 과시科試문제에 대한 답안答案이었는데, 중국에서 이를 보고는 동방진유東方眞儒요 달사達士라 하였다. 29세에 선고先考 탈상脫喪 후, 생원生員, 진사進士, 명경과明經科에 잇달아 급제及第하였나니 장원壯元을 아홉 번 한 것이다.

성수침成守琛, 백인걸白仁傑, 노수신盧守愼 등의 당대달사當代達士들이 이이李珥의 인물됨과 경지境地를 엿보고 그 높은 바를 말했다. 신료들이 이이李珥의 허물 잡고 비난함을 듣고 백인걸이 말한다. "이이李珥는 일세종장一世宗匠일세. 그대들이 눈이 어두워 보지 못할 따름일세." 노수신盧守愼이 말한다. "이이李珥는 세상 밖에 거처하면서, 세상일을 바르게 하고자 한다. 지난 이백 여년간에 이이李珥만한 인물이 없었다."라 하였다.

1583년 8월은 이이李珥가 기세棄世하기 여섯 달 전이요, 48세 되던 해이다. 이이를 음해陰害하고 비난하며 탄핵을 시도한 송응개宋應漑, 허봉許篈, 박근원朴謹元은 귀양 갔다. 허봉은 허엽의 중자仲子요, 허균許筠의 형이다. 성혼成渾 등이 적극적으로 사실을 규명하여 음해를 벗었던 것이다. 이이는 1584년 49세, 1월 16일 한양 대사동大寺洞에서 기세棄世하였다.

이이는 주자학朱子學의 이기설理氣說이 그 정의定義부터 잘못됐다고 하여 이기理氣의 정의定義를 다시 세웠다. 그 내용은 정주程朱가 사람의 성性이 둘[貳]이라 하였음[二性說]이 어두운 견해라 하고는, 공자孔子의 일성설一性說이 바르다고 하여, 그 정의를 세워 설명한 것이다. 이이의 정의定義를 본다.

> "대저 발發하는 것은 기氣요, 발發하게 하는 근원根源은 이理다. 기氣가 아니면 발發할 수 없고 이理가 아니면 발發하도록 할 수가 없다."

이는 성性의 본연本然을 간결簡潔히 체용體用으로 설명한 것이다. 자득고사自得高士는 도道를 설명함에 다만 체용體用으로 설명하는 것이다. 그리고 이 정의定義는 성인聖人이 다시 오더라도 고칠 수 없다고 자주自註하였다. 이이의 견처

見處가 자성自性을 밝혔음을 의미한다. 이이는 주자학朱子學의 핵심명제를 부정한 것이다. 이이가 유자儒者들이 공자의 극기복례설克己復禮說을 곡해曲解하는 것을 보고 안타까이 여겨 선조宣祖에게 극기복례설克己復禮說을 지어 올린다. 아래에 초하여 옮긴다.

〈李珥의 克己復禮說〉

인仁이란 본심本心의 온전한 덕德이요, 예禮란 천리天理를 알맞게 문화文化로 지은 것이며, 자기[己]란 온 몸의 사욕邪欲입니다. 사람이 누구나 이 본심本心을 갖추고 있지 않음이 없는데도, 그들이 인仁하지 못한 이유는 그것을 가로막는 사욕邪欲이 있기 때문입니다. 사욕邪欲을 없애려거든 반드시 몸과 마음을 다스려 한결같이 예禮를 준수遵守해야 하니, 그렇게 한 뒤에야 자기自己를 이기고 예禮로 돌아갈 수 있습니다. 의義와 예禮와 지智가 모두 천리天理인데, 유독 예禮만을 들어 말한 것은, 예禮는 몸과 마음을 검속檢束하는 것이니, 보고 듣고 말하고 움직이는 것이 모두 하늘의 규범規範을 따르고, 동작과 몸가짐과 돌아다니는 것이, 전부 천리天理를 알맞게 만든 문화文化에 맞으면, 마음의 덕德이 이에 온전하여 의意와 지志가 그 가운데 있기 때문입니다. 안회顔回는 한번 성인聖人의 가르침을 듣고서 이를 짊어지고 용감하게 나아가 곧 천성天性을 회복回復했으니, 이것이 유독 안회顔回만을 '학문學文을 좋아한다'라고 칭한 이유입니다.(克己復禮說, 율곡전서)

이는 이이가 기세棄世 이년 전, 47세 때인 1582년에 지은 것이다. 이이가 극기복례설克己復禮說을 늦게 애둘러 설명한 것은 정주학程朱學이 국학國學이기 때문에 소란騷亂을 피하기 위해서 이다. 그러나 김장생金長生, 정엽鄭曄, 김집金集, 송시열宋時烈 등이 미혹하여 이이심설李珥心說의 본의를 알지 못한 연유로 넓혀지지 못했음은 조학朝學의 불운이라 하겠다.

또한 이이가 경세經世의 조목으로 안민론安民論, 서출등용론庶出登用論, 양병론養兵論, 감세론減稅論, 의약보급론醫藥普及論, 청결론淸潔論 등을 주창했으나 따르는 이가 없었다. 이이가 서출등용론庶出登用論과 양병론養兵論 등의 실용자학實用慈學을 말할 때, 서애西厓 유성룡柳成龍이 반대하였다. 뒤에 이이가 유성룡에게 말하였다. "그대는 진유眞儒인 줄 알았는데" 유성룡이 얼굴이 붉어져 몸 둘 바를 몰라 했다.

남명南冥 조식曺植의 문인門人, 동강東岡 김우옹金宇顒(1540~1603)은 향의香衣의 인물인데, 동강東岡은 이이의 성학집요聖學輯要를 보고서, 남명南冥을 보듯 존숭尊崇하였다. 조학朝學이 이이李珥의 진면목眞面目을 알아보지 못한 것이 어찌 유자儒者만의 불운이겠는가?

31. 사명대사 泗溟大師

사명대사四溟大師는 밀양 태생으로 속성俗姓은 임씨任氏요, 관향貫鄕은 풍천豐川이며 법명法名은 유정惟政이요, 사명四溟은 법호이다. 임진사任進士의 손자로 십삼 세에 출가出家하였다.

명종明宗 때에 황악산黃嶽山 직지사直指寺 조실祖室인 신묵信默스님이 한 여름 낮, 공양하고 식곤食困으로 잠깐 잠이 드니, 꿈속에서 절 앞 큰 은행나무 밑에 황룡黃龍이 서려 있었다. 꿈을 깨어 은행나무 밑에 가보니, 노인과 십여 세의 비범非凡한 용모容貌의 아이가 있었다. 조실부모早失父母한 손자와 할아버지 임진사任進士였다. 아이가 출가出家하려함에 상좌로 들였다.

이십여 세에 부처님 일대시교一代時教를 간파看破 수료하고, 그 후, 금강산 유점사楡岾寺의 반야암般若庵에서 강원講院 조실로 있을 때, 임진왜란壬辰倭亂이 일어나 왜병倭兵이 유점사楡岾寺에 들이 닥쳐 스님을 모두 결박하고 불보佛寶를 강탈하려하니 반야암般若庵의 사명四溟스님이 내려 왔다.

왜장倭將이 대사를 보고 보물을 내 놓으라 하니, 사명스님은 보물은 우리나라에 없고 일본에 있으며, 풍신수길豐臣秀吉이 전쟁을 일으켰다고 나무랐다. 그리고는 반야암으로 뒷짐을 지고 태연하게 돌아갔다. 왜장倭將이 그 담대膽大함에 놀라 부하에게 따라가다가 뒤를 돌아보면 죽이고, 그렇지 않으면 내버려 두라 하였다. 스님은 반야암般若庵에 돌아 올 때까지 뒤를 돌아보지 않았다.

얼마 후, 스승인 청허淸虛스님의 부름을 받고 묘향산妙香山 금선대金仙臺로 가서 승병僧兵대장이 되어 팔천 명의 승병을 거느리고 평양 탈환시 명군明軍과 힘을 합쳐 싸웠다. 왜란이 끝난 후, 강화를 하기 위하여 일본에 보낼 책임자로 사명대사가 선임되었다.

일본으로 가서 그곳의 고승들과 도담道談도 하고 덕천가강德川家康을 비롯한 대신들로부터 생불生佛이라는 찬사를 받았다. 양국이 다시는 전쟁을 하지 않기로 약속하고, 귀로에 삼천 오백 명의 포로를 데리고 부산포에 도착하니, 동래부사東萊府使 정여인鄭汝寅이 전송하지 않았고 또한 영접도 아니 하는데다 병을 청탁하여 소임을 게을리 하였다. 스님이 '네 병은 만리萬里보다도 길다' 하고, 사실을 알아보니 기녀妓女와 선유船遊하다 잡혀왔던 것이다.

"칠년七年전쟁 후에 백성들은 기아飢餓로 죽어 가는데, 너는 기녀妓女와 선유船遊하고 있으니 용서할 수 없다."

하고 참수斬首하였다. 돌아와 선조宣祖께 방왜訪倭의 사事와 정여인鄭汝寅의 문란함을 보고하니 대단히 기뻐하며 명예영상名譽領相을 제수하고, 문장文章인 부마駙馬를 불러 "사명당四溟堂의 공로를 기리는 글을 지어 팔도八道에 배포配布하도록 하라." 하여 지은 책이 임진록壬辰錄이다. 그런 연유로 지금 전국의 여덟 곳의 절에 사명대사를 기리는 사당祠堂이 있다.

말년에는 해인사海印寺가 있는 가야산에 홍제암弘濟庵을 짓고 묵좌默坐하다가 입적入寂하였다. 세수 육십칠이었다.

사명대사四溟大師 유정스님은 청허淸虛대사의 선가귀감禪家龜鑑 발문跋文에, 말법의 수행자가 그릇된 소견所見으로 인과因果를 없수이 여기는 폐단弊端과 닦음의 정리正理를 알지 못하는 둔근鈍根을 위해 이른다.

"본래 불성佛性을 지니고 태어나는 것이니, 미혹迷惑과 깨침도 없다고 하며, 인과因果의 도리道理를 팽개친다면 이것은 곧 그릇된 소견所見이요, 또한 닦아서 어리석음을 없앤다는 말만 듣고서 타고난 성품性品조차 허망하다고 하여 불변不變의 성품性品을 잃는다면 또한 그릇된 소견所見이다."

라 하여 인과因果와 자족지리自足之理를 정해精解해야 바른 수행을 할 수 있음을 강조 하였다. 사명대사四溟大師가 묘향산에서 신통神通을 보였음과 왜국倭國에서 보인 의연毅然함과 부득이不得已 드러낸 신통神通은 여러 곳에 전하므로 여기서는 말을 아낀다.

32. 율봉화상 栗峯和尙

율봉栗峯화상은 정조正祖와 순조純祖 연간에 살았다. 속성俗姓은 백씨白氏요 법명法名은 청고靑杲이며 순천에서 태어났다. 일찍이 금강산 마하연사摩訶衍寺에 조실祖室로 있었다.

이 선원禪院은 의상조사義湘祖師가 창건하였으며, 금강산金剛山의 중심 사찰이다. 선원 앞에는 금강산에 상주常住하시는 법기보살法起菩薩의 천진석상天眞石像이 있다. 마치 부처님이 사자좌師子座에 앉아 설법하시는 것과 같은 모습이다. 금강산의 제일명당第一明堂으로 마하연사摩訶衍寺와 한 번 인연을 맺으면 악도惡道에 떨어지지 않는다고 전하는 대승도량大乘道場이다.

율봉栗峯화상이 하루는 수좌首座들에게 참선공부를 시키고 있는데, 십리 가량 떨어진 본사인 표훈사表訓寺의 동자행자 두 사람이 와서,

"표훈사에서 국수와 떡 공양이 있어 조실스님을 모셔 오라 해서 왔습니다."

"그러면 가야지."

하고 가는데 도중에 냇물이 있어 등에 업혔더니, 내 한복판에 있는 바위 위에 내려놓고 갑자기 동자들이 보이지 않았다.

생각해보니 영험한 표훈사表訓寺 십육나한十六羅漢의 짓이라 여겨졌다. 속으로 표훈사로 가서 나한상羅漢象을 모조리 때려 부수리라 하고는, 다음날 주장자拄杖子를 들고 표훈사에 도착하니, 대중스님들이 모두 영접을 하고 떡과 국수를 올리므로 까닭을 물으니 수좌들이 답한다.

"어젯밤 꿈에 나한羅漢님이 오시어서 마하연摩訶衍 조실祖室스님이 우리를 부수러 오니 미리 준비를 하라."

율봉스님은 유점사楡岾寺와 마하연사摩訶衍寺에서 선禪과 교敎를 겸해서 강론講論하던 당대 제일의 강백講伯이다. 그 제자에 만화보선萬化普善 강백講伯이 있으며, 만화萬化의 제자에 경허성우鏡虛惺牛가 있다.

이 밖에 몇몇 일화가 있으나 다 적지 아니한다. 율봉栗峯스님이 입적入寂하여 다비하니 사리舍利도 없고 방광放光도 없었다. 대중이 율봉栗峰화상은 도인道人이 아닐 것이라 하니, 추사秋史가 크게 나무란다. 명필名筆 추사秋史 김정희金正喜는 율봉栗峯스님을 매우 존숭尊崇하였다.

"금강경金剛經에 이르시되 「범소유상凡所有相이 개시허망皆是虛妄이라」 즉 '무릇 모습이 있는 것은 모두 허망한 것이라' 하였는데 사리舍利나 방광放光의 유무有無로 도道를 운운云云하다니 한심한 일이로다."

하고는 추사秋史가 율봉스님을 기리며 읊는다.

꽃 지면 열매 맺고
달 지면 그림자 없나니
법기봉은 늘 푸르고
묘길상은 우뚝하고나.

花落有實　화락유실
月去無影　월거무영
法起峯青　법기봉청
妙吉祥屹　묘길상흘

법기봉法起峯은 금강산의 봉우리의 이름이요, 묘길상妙吉祥은 마하연摩訶衍의 매우 높은 문수보살석상文殊菩薩石像이다. 추사가 성문지견聲聞知見을 넘어 연각지견緣覺知見을 보인 것이라 하겠다. 추사秋史에 의해 율봉栗峯스님의 도道가 높은 것을 승속僧俗간에 알게 되었다. 이에 율봉栗峯의 일화를 남긴다. 추사秋史의 경지를 알아 본 이에 초의선사艸衣禪師가 있다.

33. 농산화상 聾山和尙

농산화상聾山和尙은 정조正祖 때의 사람이다. 소시부터 수도修道하였다. 진언眞言으로 득력하여 세상일을 손바닥 들여다보듯 하였다. 일찍이 인천 앞 난지도蘭芝島에 식량도 없이 들어가 굴을 따 먹고, 십년동안 천수千手를 하여 득통得通하고, 바다 위를 걸어서 뭍으로 나왔다. 삼각산三角山 승가사僧伽寺의 조실祖室로 있을 때, 신통神通이 여러 행적行蹟에서 드러나, 승속僧俗 간에 생불生佛이라 불리웠으며, 대지大智를 열었다고 전한다.

당시 팔공산八公山 동화사桐華寺의 용파龍坡스님은 아전衙前들의 횡포에 시달리다 못해 한양으로 갔다. 아전衙前이란 한 고을 원의 행정보조원이다. 글을 조금 아는 중인中人계급의 임시 관리로써 소리小吏, 서리胥吏가 바른 명칭이다. 용파龍坡화상이 스스로 생각하기에 대신大臣을 친하게 되면 아전衙前[胥吏]들의 횡포를 막을 수 있을 것이란 기대가 있었다.

용파龍坡가 한양 남대문 밖에 와서 머리를 기르고 물장수를 하면서 삼년간이나 대신大臣을 친하려 했으나 기회가 없었다. 다시 동화사桐華寺로 돌아가려고 하였다. 그날 밤, 정조正祖가 꿈을 꾸니 남대문 밖 조그마한 초가草家에서 황룡黃龍이 눈물을 흘리고 있는 것이 보였다. 사람을 보내 알아보니 초가의 윗방에서 거지꼴을 한 촌부村夫가 바랑을 베고 잠들어 있었다. 용파龍坡를 정조正祖 앞에 데리고 가니, 용파龍坡가 사찰寺刹의 현실을 고했다. 정조가 듣고 명을 내려 사대부와 아전 등속이 절에 와서 행패부리는 것을 금禁하는 명을 내렸다. 정조正祖가 용파에게 말한다.

"지금 나라에 세자世子가 없어 근심이 크다. 부처님께 기도하여 왕자를 보도록 하라!"

용파龍坡스님이 곧장 승가사僧伽寺로 가서 농산聾山스님을 기도증명법사祈禱證明法師로 모시고, 수락산水落山 내원암內院庵에서 백일기도를 시작하여 구십구 일간 계속했으나 궁중에 소식이 없으므로 승가사僧伽寺로 달려가 농산스님에게 말한다.

"소승小僧이 기도祈禱에 성공하지 못하면 불법佛法이 영험이 없다고, 유생儒生들의 지탄을 받게 될 터이니, 이 일을 어떻게 하리까?"

"나도 역시 걱정이 되어 삼매三昧에 들어가 살펴보니, 왕王이 될 복혜福慧를 갖춘 이가 보이지 않네!"

"스님은 생사生死에 자재自在하시니, 보살심菩薩心으로 세자世子로 태어나서 한 생生을 보내주소서."

"나는 이 고해苦海에 다시 오지 않기로 생각했는데, 할 수 없구나! 내가 어찌 또 삼십여 년이나 신하들과 다투며 지낼 것인가?"

하였다. 농산聾山이 '또'라고 하였나니, 사바세계에서 두 번째, 왕 노릇해야함을 뜻한다. 농산聾山스님이 가사袈裟 장삼長衫을 단정히 하고는, 주장자拄杖子를 짚고는 눈을 감고 사라졌다. 용파스님은 곧 수락산水落山으로 돌아와 사시巳時에 회향하였다. 궁인宮人이 와서 간밤에 중전中殿의 꿈에 노승老僧이 와서 절을 했다하니 태몽胎夢같다고 하였다.

십삭十朔 후, 왕자를 얻으니 뒤에 순조純祖가 된다. 재위는 삼십삼 년이다. 순조純祖는 앉아 계실 때, 망건網巾을 쓰지 않고 버선도 벗어 손수 잘 개어서 옆에 두고 앉아 있으매 고요하였다. 신하들이 까닭을 물었다.

"나는 전세前世부터 망건網巾과 버선을 사용치 않았다."

라고 순조純祖가 답하였다. 순조純祖는 조선의 왕 가운데 유일하게 스스로 물러나 뒷방 늙은이上王가 되었다. 왕 노릇이 지겨웠던 것이다. 순조純祖를 평하는 사가史家의 말에, 순덕淳德은 있으나 과단성이 부족했다고 한다. 왕재王才의 복혜福慧를 갖출 수는 있으나, 권력의 다툼과 경쟁 속에서 성왕聖王의 치적을 남기기가 어려운 것이다. 더구나 도인道人으로 살다가, 권력과 암투 속에 갇히면, 매사가 가소로웁고 귀찮을 것이다. 또한 도인道人이 세속의 존귀한 자리에 올랐더라도 그때의 난마亂麻를 만나면 또한 어찌할 수 없는 바가 있는 것이다.

앙산仰山화상이 세 번 황제皇帝가 된 때와 서천존자西天尊者가 순치황제順治皇帝로 났을 때에도 세속의 인연因緣과 윤리倫理와 시절時節의 사연事緣을 따르지 않을 수 없는 바가 있었다.

생각건대 성왕聖王이 되어 세상을 청량淸凉하게 하는 것이 어찌 쉬운 일이리오. 성왕聖王이 되어 치세治世하려면 첫째 지혜智慧와 복덕福德을 갖춰야 하고, 둘째 치세治世의 재才와 국치國治의 기技를 얻어야 하며, 셋째 드밝고 해맑은 그 사람[其人] 다인多人이 외호外護해야 하며, 그 때가 익어야, 화평和平과 평등平等을 나투는 성왕聖王이 세상에 드러나는 것이다. 인간 세상에 이러한 성왕聖王이 몇 번이나 왔던가?

34. 화담선사 華潭禪師

화담華潭선사는 조선 말엽의 스님이다. 십사 세에 출가하여 부처님 일대시교一代示教를 마치고 대강백大講伯으로써 중년에는 사교입선捨教入禪하였다. 계행戒行이 단정하여 항상 가사장삼袈裟長衫을 입고, 뒷간[解憂所] 출입 때만 가사를 벗었으며, 밤에도 가사를 입고 자는 율사律師이다. 공안公案을 깨치지 못하여 오매불망寤寐不忘 화두話頭를 궁구窮究하던 중, 하루는 꿈속에서 어느 스님이 게송偈頌을 지어준다.

내가 이제 여래성如來性을 알고 보니,
여래如來가 지금 내 몸 가운데 있도다.
나와 여래如來가 다를 바가 없으니,
여래如來가 곧 나의 진여성眞如性일진저.

我今解了知來性　아금해료지래성
如來今在我身中　여래금재아신중
我與如來無差別　아여여래무차별
如來卽是我眞如　여래즉시아진여

아침에 일어나, 세안洗顔 중에 코를 만지다가 문득 개오開悟하고, 차 마시다가 재오再悟하여 게偈를 읊는다.

> 세안洗顔 중에 절로 코를 만져지고
> 차茶 마시니 절로 입술이 젖는도다.

> 洗顔自着鼻　세안자착비
> 飮茶自濕脣　음차자습순

뒷날 화담華潭이 팔양경八陽經의 주해注解를 하니, 백파白坡스님이 이른다.

> "팔양경八陽經은 불설佛說이 아닌데, 주註까지 낼 것이 무엇인가? 할 일 없으면 낮잠이나 자라."

어느 날, 백파스님의 꿈에 신장이 나타나 말한다.

> "화담華潭스님은 지장보살地藏菩薩의 현신顯身이니, 망령되이 비방하지 말라."

화담華潭이 팔양경八陽經의 주해注解를 한 것은, 팔양경八陽經이 위경僞經인 것을 모르는 바 아니나, 팔양경八陽經이 이미 민간에 널리 퍼져 있고, 둔근鈍根 승려들이 안택安宅의 도구로 이용한 바가 넓혀져 있어, 그 내용 가운데 잘된 곳을 골라 주해注解를 붙여서, 불법佛法의 도리를 홍포弘布하려는 뜻이 있었던 것이다. 후에 사신使臣이 중국에 가서 큰 절의 조실祖室을 뵈니, 그 조실이 말한다.

> "조선의 화담華潭스님은 전생前生에 나의 도반道伴이오. 늘 말하기를, 나는 후생後生에 조선에 태어나 금강산金剛山도 구경하고, 금강산金剛山의 물도 먹어보고 싶다고 하더니, 조선에 났는지라, 훗날 다시 오게 되거든, 화담華潭스님의 글씨를 하나 받아 주시오."

귀국 후 다시 사신으로 갈 때 화담華潭스님으로부터 반야심경般若心經 한 벌을 받았으나, 신료들이 졸필拙筆이라 하여 다른 글씨를 보내기로 하였다. 신료 중에 한분이 "혹시 모르니 화담華潭의 글씨도 가지고 가라." 하여, 중국에 가서 잘 쓴 글씨를 전하니 "화담스님의 글씨가 아니오." 하였다. 다시 화담華潭의 진적眞跡을 보여주니 반가워하며 "잠깐 다녀가시라."
하기에, 밤에 가보니 불을 켜지 않았어도 글씨가 낮과 같이 밝게 보였다 한다.

스님이 입적入寂할 때는 깨끗이 옷을 갈아입고 앉아서 눈을 감고 떠났다. 다비茶毘에 방광放光이 있었다. 사리舍利가 나와서 탑塔에 넣었다. 탑은 지금 경기도 가평 현등산懸燈山 현등사懸燈寺에 있다.

◎ 위의 팔양경八陽經은 강백講伯 백파白坡화상의 말대로 불설佛說이 아니다. 팔양경八陽經은 남송南宋의 두항杜項이 조잡하게 지은 위경僞經이다. 이후 전거典據가 없는 문장文章이나, 조악粗惡한 저술著述을 두찬杜撰이라 한다.

近世의 高僧

1. 허주덕진 虛舟德眞 1805~1888
2. 영산경순 影山敬淳 1810경~1883
3. 석교화상 石橋和尙 1812경~?
4. 태평거사 泰平居士 1839~1922?
5. 무용화상 無用和尙 1848~?
6. 경허성우 鏡虛惺牛 1849~1912
7. 수월음관 水月音觀 1855~1928
8. 혜월혜명 慧月慧明 1862~1936
9. 용성진종 龍城震鍾 1864~1940
10. 운봉성수 雲峯性粹 1889~1946
11. 고봉경욱 古峰景昱 1890~1961

1. 허주덕진 虛舟德眞 1805~1888

약적略跡

허주선사虛舟禪師의 법명法名은 덕진德眞이다. 동진출가童眞出家하여 전라남도 송광사松廣寺에서 수행하였다. 30세에 견성見性하다. 오도송悟道頌을 본다.

사방을 돌아보아도 친한 이 없고
육합六合을 살펴도 통하는 이 없네.
걸음걸음에 그림자 남기지 않나니
행행行行에 참다이 빈 배로다.

四顧無與親 사고무여친
六合無與疎 육방무여소
步步無遺影 보보무유영
行行眞虛舟 행행진허주

개오開悟한 뒤로 사람을 피하여 송광사松廣寺, 선암사仙巖寺, 칠불사七佛寺 등 명찰名刹에서 참선參禪하며 임성소요任

性逍遙 하였다. 대원군大院君의 청으로 철원鐵原 보개산寶蓋山 초암草庵과 지장암地藏庵에서 기도불사를 하였다.

허주선사虛舟禪師는 조선 말엽에 (1840년경부터) 동방불東方佛이라고 불리었던 도인道人스님이다. 송광사松廣寺에서 대강백大講伯으로 이름을 떨쳤으나 개오開悟 후로는 불언무위不言無爲을 설하였다. 그 내용은 대개가 묵언양구설법默言良久說法이었다. 각처의 신도信徒들이 한번 친견親見하는 것이 소원이었다고 한다. 허주虛舟스님이 한양(서울)에 가면 신도들이 의복衣服과 약藥 등의 공양을 서로 대접하려고 하여, 한 끼에 밥상이 열개나 되어서, 한 밥상에서 한 술씩만 발우鉢釪에 덜어서 공양하였다.

일화逸話

– 제1화 –

어느 때, 불자佛子 수백 명이 화계사華溪寺에 모여서 허주선백虛舟禪伯에게 설법說法을 청請했다. 법상法床에 올라간 허주선백虛舟禪伯이 약 한 시간이나 말없이 앉아 있다가 그냥 내려왔다. 뒤에 어떤 이가 그 이유를 물었더니 이렇게 대답하였다.

"내가 말하려는 자리는 언어言語도 끊어지고 생각도 끊어진 곳이니 무슨 말을 하겠는가? 나에게는 눈곱만큼도 허물이 없다."

– 제2화 –

화계사華溪寺 법문 후, 불자佛子들이 다시 허주선백虛舟禪伯에게 법문을 청請했다.

"무언無言설법은 못 알아듣는 사람이 많으니, 알아듣기 쉬운 말로 설법해 주십시오."

허주선백虛舟虛舟禪伯이 쾌히 승낙했다. 이 소문이 퍼지자 많은 불자佛子들이 다시 화계사華溪寺로 모여들었다. 허주선백虛舟禪伯이 법상法床에 올라갔다. 그러나 십분, 이십분, 삼십분이 지나도 아무 말이 없었다. 청중들은 수군거렸다.

"말로 하신다더니 또 무언無言설법인가?"

허주선백虛舟禪伯은 청중聽衆의 수군거림을 못 들은 체하고 태연泰然히 앉아 있다가, 청중聽衆 가운데 무료無聊와 권태倦怠를 이기지 못해 하품하는 사람이 보이자 문득 입을 열었다.

"용하다. 용해."

이 말을 하고는 또 말없이 앉아 있었다. 뒷말을 기다리다 못해 한 사람이 입을 열었다.

"스님, 무엇이 용하다는 말씀입니까?"

"굼벵이가 땅속에 엎드려 있다가 앙금앙금 기어 나왔단 말일세."

이 말을 끝내고 다시 침묵을 지켰다.

이번에는 다른 사람이 물었다.

"그래서 어떻게 했다는 것입니까?"

"응, 정신精神을 차려서 '맴맴' 하고 울었지. 이것이 용한 일이 아니겠는가? 우리 중생衆生이 번뇌煩惱 속에 묻혀 있다가 염불念佛하고 참선參禪하여 부처가 되는 것도 이것과 똑같단 말이야. 용하고 용하지."

이 말을 끝낸 허주선백虛舟禪伯은 다시 '맴! 맴!' 하고 매미 우는 소리를 내고 법상法床에서 내려왔다. 이것이 널리 회자되는 허주선백虛舟禪伯의 매미법문이다.

- 제3화 -

전주의 송암사松巖寺에서 허주虛舟스님과 영산影山스님이 만났다. 처음 만났는데 법거래法去來 후, 대소大笑하고 밤새워 법담法談을 나누었다. 다음날 송암사에 49재가 들어서 큰 재齋를 올렸는데 큰 스님 두 분이 우연히 오신지라, 송암사 주지住持와 재자齋者가 영가靈駕를 위한 법문을 청하였다. 먼저 영산影山스님이 법문을 하였는데, 한참동안 영단靈壇을 향해 묵념默念을 하고 있다가 한 말씀 이르고 내려왔다.

"옛 사람이 이렇게 갔고, 오늘 사람도 이렇게 가도다."
[古人如是去 今人如是去]

그 다음 허주虛舟스님이 올라가서는 말 한마디 없이 고개만 끄덕끄덕 하고 내려왔다. 재자齋者가 말했다. 「스님, 법문 한 말씀 해주시지요.」 허주虛舟스님은 돌아선 채로 말하였다.

"미래 사람도 이렇게 갈 것이로다."[未人如是去]

송암사 주지住持와 재자齋者가 생각키에 너무도 싱거운 법문이었다. 재자齋者가 밤새도록 이리 저리 궁글이며 곰곰이 생각하다가 무언가 느끼는 바가 있었다. 그리고 이 스님들이 참으로 도인道人이시다 - 라고 생각하였다. 그리고 재자

齋者는 가진 돈을 다 털어서 소반小盤 위에 한지韓紙로 싸서 두 스님이 계신 문 앞에다가 갖다 놓았다. 영산스님은 그냥 가고 허주스님은 그 돈을 가지고 갔다. 재자齋者가 말했다. 「영산스님이야말로 도인道人이다. 물욕物欲이 없으니 -」 그리고 그날 오후 절에서 집으로 돌아가다가 보니 허주스님이 덕산교德山橋 다리 밑에서 거지들과 잔치를 하고 있었다. 호박, 감자, 과일 등을 사다가 푸짐한 찌개를 하고, 하얀 쌀밥을 큰 쟁반위에 가득 놓고 거지들과 포식을 하고 있는 것이었다. 재자齋者들이 허주스님의 무욕자비無欲慈悲를 보고 경배敬拜하고서 집으로 돌아갔다.

– 제4화 –

허주虛舟스님이 금강산 마하연사摩訶衍寺에 있을 때, 어떤 선비가 율곡栗谷 이이李珥선생의 출산시出山詩를 음미한다.

서로가 헤어진 지 몇 해런가?
말을 하자하니 아득하여라.
전세前世에는 김시습金時習이더니
금세今世에는 가랑선賈浪仙을 따르누나.
봄비 개인 뒤 산새가 우지지고
물 흐르는 마을, 석양이 저만치 섰구나.
만나고 헤어짐은 가지런해 애쓸 바 밖일세.

머리 들어 뜬 구름을 벽천碧天에 비춰 보게나!

東西分袂問幾年 동서분몌문기년
欲陳心思意茫然 욕진심사의망연
前身定是金時習 전신정시김시습
今世仍爲賈浪仙 금세잉위가랑선
山鳥一聲春雨後 산조일성춘우후
水村千里夕陽邊 수촌천리석양변
相逢相別渾無勞 상봉상별혼무로
回首浮雲照碧天 회수부운조벽천

위는 율곡이 개오開悟 후, 전세의 벗, 심장원沈長源(1531~1607)에게 보내는 시詩이다. 심장원은 율곡의 설잠雪岑 시절의 도반道伴이라 전한다. 가랑선賈浪仙은 한퇴지와 교유하던 가도賈島를 이르는 것이다. 선비가 허주虛舟스님에게 율곡栗谷의 견처見處와 행리行裏를 물으매 허주虛舟가 답한다.

선비 율곡栗谷의 경지境地가 어떠합니까?

허주 율곡栗谷은 능엄경楞嚴經을 천독千讀을 하다가 홀연히 견성見性하였네.

선비 율곡栗谷의 스승은 누구입니까?

허주 서산대사西山大師가 인가印可하였네.

선비 율곡栗谷은 어찌하여 속세로 나갔습니까?

허주 정주程朱의 설說이 세속을 어지럽히고, 그 무리가 불도佛道를 억누르는지라, 세상 속에서 올곧음을 보이라고 서산이 권하였네.

선비 정주程朱의 설說이 어떠합니까?

허주 정이程頤가 공자孔子의 설에 미迷하여, 사람의 성性이 둘이라 하였네. 그러므로 나머지 분설分說은 볼 것이 없다네.

선비 정자程子가 성性에 본연지성本然之性과 기질지성氣質之性이 있다고 하였습니다.

허주 공자가 나의 도는 하나로 꿰느니라吾道一以貫之라 하고, 사무사思無邪라 하였으며 명덕明德을 밝힘이 선비의 목표라 하였나니, 명덕明德을 밝히지 못하면 공자의 도道에 미혹한 것이다. 명덕明德이란 성性이 아닌가? 그러므로 유가儒家의 근원이 불도佛道와 다르지 아니하다. 일이관지一以貫之는 성性이 하나임을 말하고, 사무사는 정념이 몽환夢幻이란 뜻이다.

선비 율곡이 유가儒家에 어떤 일을 하였습니까?

허주 율곡은 공자孔子의 뒤를 이었다. 성性이 하나임을 밝히고 마음 닦는 공부방법을 조용히 주장하였다. 율곡의 이기정의理氣定義와 자경문自警文에 보인다.

선비 "전세前世에는 김시습金時習이라 / 물 흐르는 마을, 석양이 저만치 섰도다. / 머리 들어 뜬 구름 벽천碧天에 비춰 보게나!" 함은 그 의취가 어떠합니까?

허주 그대가 정념情念이 쉬면 보느니라. 허공이 무어라 하던가?

선비 세상을 잊고 정념情念을 쉬고자 합니다.

선비는 허주스님의 제자가 되어 수행하였다. 출가하지 아니하고 거사로써 공부하였다. 선비의 이름은 최기남崔起南(1855~1956경?)이요, 호는 찬송贊松이다. 백두산과 금강산을 오가며 수도修道하였는데, 선정禪定이 깊어 세상일을 손바닥 보듯 하였다. 그의 저서에 벽곡법辟穀法과 선문염송소음禪門拈頌小吟이 전한다. 찬송贊松 최기남崔起南의 지혜와 선정을 흠모하여 이광수, 정인보, 홍명희, 김범부 등이 금강산으로 찾아 갔으나 정인보만이 잠깐 만날 수 있었다고 한다.

찬송贊松이 1931년 대구의 석재石齋 서병오徐丙五(1862~1936)를 찾아와서, 선정禪定 중에 주자朱子의 후신後身이 나타나서 한 말을 전하러 왔다고 하였다. 주자朱子의 후신은 석곡石谷 이규준李圭濬(1855~1929)이라 한다. 서병오는 이규준의 문인이다. 석곡石谷은 전세의 그릇된 주장인 주자의 저술을 바로잡는 데 일생을 바쳤으며, 다음 생은 노자老子를 배워 따르려한다고 하였다. 최기남은 이름 남기기를 싫어하여 해방 뒤에는 지리산 소백산 등에 은거하였다. 그의 종년終年은 전하지 않는다.

❁ 선문답禪問答 (허주虛舟, 태평泰平, 영산影山)

박태평거사朴泰平居士가 길을 가는데, 어느 큰스님이 행차를 하였다. 여러 사람이 옹위하고 가므로, 알아보니 허주虛舟 큰스님이다. 이 스님은 당시 동방불東方佛이라고 불리던 도인道人으로 운수납자雲水衲子와 불도佛徒들이 친견하기를 원하였다. 한양에 가면 신도들이 서로 모시려는 도인道人스님이다. 박태평거사가 허주 스님 앞에 나가 땅에 넙죽 엎드려 절하고서 수작手作을 건다.

"한 말씀 묻고자 합니다."

"무슨 말인고?"

"제가 언제 땅에서 일어나게 되겠습니까?"

"일어날 때까지로다."

"일어날 때는 언제가 됩니까?"

"까마귀 머리에 뿔 날 때니라."[烏頭生角時니라]

태평거사가 일어나서 말하였다.

"허주 큰스님도 인허진隣虛塵을 다 녹이지 못했구나."

[虛舟도 未盡隣虛塵이라]

허주선사虛舟禪師가 동방불東方佛이라 존숭받으면서도 인

허진隣虛塵이 남았다고 박거사가 평한다. 인허진이란 깨친 연후의 미세微細한 정념情念의 미진微塵이다. 영산影山스님이 듣고 말하였다.

> "허주는 일을 좋아하는 분이다. 내가 만약 그때를 당했다면 돌아볼 것 없이 가버렸을 텐데."
>
> [虛舟和尙은 好事者라. 我若當時면 不顧而去하리라]

뒷사람이 평하되 '영산승어허주影山勝於虛舟라' 하였다. 박태평거사는 젊은 경허鏡虛를 시험하고, 경허鏡虛가 선지禪旨에 밝지 못함을 지적하였다. "성우惺牛라, 어떤 것이 깬 소인가?" 함에 경허鏡虛가 문득 개오開悟하였다. 경허鏡虛의 오도송悟道頌에 나타나는 야인野人과 무사태평가無事泰平歌는 박태평거사를 가리키는 것이다. 경허鏡虛의 선문인도禪門引導 스승은 박태평거사朴泰平居士 이다. 태평거사는 만년에 금강산에서 강산소요를 그치고, 1913년경 스님의 옷으로 갈아입는다. 선객禪客 태평거사로써 뒷사람을 기다리다가 태평泰平스님으로 일상삼매一相三昧를 보였다. 만허萬虛의 선리채근禪理採根과 동광혜두東侊慧頭의 수도전법기에 태평泰平스님의 모습을 전한다.

박태평거사朴泰平居士는 남이 절을 한번 하면 꼭 답례는 두 번씩 하고, 평생에 입으로 남의 시비를 말하지 않고, 선객禪客을 만나 법거래法去來하기를 즐겨하며, 학인을 이끄는 지혜가 뛰어났다. 늘 자기를 낮추었으며 목욕을 하지 않아도 몸이 깨끗했다. 입적入寂 뒤, 방광放光을 보이매 절에 어두운 곳 없었다. 그런 연유로 금강산 신계사神溪寺의 부속 암자 이름을 보광암普光庵이라고 하였다.

(出處 : 修道傳法記, 碧峙落語, 禪問禪答)

2. 영산화상 影山和尙 1810경~1883

약적略跡

영산影山스님은 13세에 관음고사觀音古寺에 출가하여 전라북도 선운사禪雲寺에서 수행하였다. 스님의 법명은 경순敬淳이요, 영산影山은 법호이다. 부처님의 일대시교一代示教를 마치고 사교입선捨教入禪하였다. 사교입선捨教入禪이란 문자반야文字般若를 통해通解하고 참선參禪공부에 드는 것을 의미한다.

영산影山스님은 구름과 물雲水처럼 사해팔방四海八方으로 다니면서 고행苦行을 낙樂으로 삼았으며, 탁발託鉢한 것을 가난한 집에 보태주고, 자신은 문전걸식門前乞食하였다. 겨울에는 머슴방에서, 여름에는 정자亭子나 공청公廳에서 잠을 자고, 옷은 얻어 입었고, 논밭의 허수아비 옷을 곧잘 벗겨 입었다. 그러나 실상반야實相般若를 자득自得하지 못하였는데, 만행 중에 문수보살文殊菩薩의 지적을 받고, 삼년을 올올성성兀兀惺惺히 정진精進하여 개오송開悟頌을 읊는다.

물物과 내我가 모두 비었는데,
괴로움이 어디로 들어오는가.
피차彼此가 본래 비었거늘,
누가 얻고 누가 잃는가.

物我俱空　물아구공
苦入何處　고입하처
彼此本空　피차본공
誰得誰失　수득수실

개오開悟 후, 수년을 임성수연任性隨緣하더니, 마침내 대오大悟하여 읊는다.

천하가 태평한 봄이라
사방에 하나의 일이 없다네.
(이러한 이) 내가 아니고 누구런가?
산 노을로 아침을 지어먹고
넝쿨 속 달로 등불을 삼나니
나를 가리키는 말이로다.

天下太平春　천하태평춘
四方無一事　사방무일사
非我而誰　비아이수
山霞朝作飯　산하조작반

羅月夜爲燈　나월야위등
指我而言　지아이언

영산影山스님은 선객禪客을 만나면 오도송悟道頌의 두 구句를 꺼내 읊으며 그물을 드리웠다. 그 읊음에 초구初句와 이구二句를 바꾸어 노래했다.

사방에 하나의 일도 없나니,
천하가 태평춘이로다.

四方無一事　사방무일사
天下泰平春　천하태평춘

뒷날 태평거사泰平居士가 응대應對한다.

태평 태평하고 또한 태평하나니,
천하태평은 박태평이로다.

泰平泰平又泰平　태평태평우태평
天下泰平朴泰平　천하태평박태평

영산影山스님의 사방무일사四方無一事 천하태평춘天下泰平春 소식消息에 귀가 뚫리거나 눈이 열린 선객禪客이 다수多數였다고 한다.

일화逸話

– 제1화 – 영산影山스님과 문수보살

영산影山스님이 길을 가다가, 길 옆 밭에 허수아비가 입을 만한 옷을 걸치고 있는 것을 보고, 그것을 벗겨서 입고 나오는데, 지나가던 한 노인老人이 말하기를,

"여보시오, 대사! 그 허수아비는 어찌하란 말이요?"

라 한다. 그 말을 듣고 영산影山스님이, 두 팔을 쭉 펴고 뻣뻣이 서있으니, 그 노인이 말한다.

"산은 영산影山이지만, 공산空山이 아니로다."
[山是影山不空山]

노인이 문득 간 곳이 없었다. 영산스님이 그 말을 이상하게 생각한다. 노인의 게송偈頌이 영산에게 『산은 영산靈山이나, 공산空山이 아니로다.』로 들렸다. 영산靈山이 공산空山이 아닌 까닭은 정념情念을 지우지 못했음이라 생각하며 계속 길을 가는데, 다시 한 노파老婆를 만났다. 노파가 묻는다.

"여보시오, 대사! 노인 한 분 가시는 것 못 보았소?"

궁금하던 영산影山스님이 얼른, "그가 누구요?" 하고 물었다. 그러자 그 노파老婆가 말한다.

"문생원文生員이라 하면 잘 아실 텐데."

하더니, 그 노파도 문득 사라졌다. 영산스님이 생각해보니, 문수보살文殊菩薩과 관세음보살觀世音菩薩이 분명하였다. "내 공부工夫가 미천微淺함을 아시고, 일깨워 주시는 것이니, 돌아다니기만 할 것이 아니라 입산入山해서 공부를 더 해야겠다." 하고서 분발하여 삼년을 성성올올惺惺兀兀히 정진하다가, 안수정등岸垂井藤 화두에서 홀연히 한 소식消息을 얻고서, 송頌을 지었다.

물物과 내我가 모두 비었는데,
괴로움이 어디로 들어오는가.
피차彼此가 본래 비었거늘,
누가 얻고 누가 잃는가.

物我俱空 물아구공 이어늘
苦入何處 고입하처 인고
彼此本空 피차본공 이어늘
誰得誰失 수득수실 인가

– 제2화 – 조엄趙儼과 영산影山스님

영산影山스님이 지리산 등을 유산遊山하며 화엄사華嚴寺 쌍계사雙溪寺 관룡사觀龍寺를 거쳐 동래의 범어사梵魚寺에 이르렀다. 범어사에서 식객 노릇을 하고 있는데, 마침 동래부사 조엄趙儼(뒷날, 경상감사)이 초임初臨하여 있었다. 조엄이 영산스님이 왔다는 소식을 듣고 뵙고자 하였다. 영산스님을 초청하고 기생들을 모아 잔치를 벌였다. 영산스님이 온다는 전갈을 받고, 조엄이 높은 자리에 앉아 일부러 거드름을 피웠다.

영산이 관아에 들어오면서 말한다.

"그림자는 영산의 그림자로다."[影是影山影이여]

조엄이 답한다.

"산 또한 영산의 산일세."[山是影山山이로다]

다시 조엄이 말한다.

"산과 그림자가 둘 아닌 곳에, 어떤 것이 영산인가?"
[山影無二處에 都盧是影山잇가]

말이 채 끝나기 전에, 영산이 부채를 들어 일원一圓○을 그리니, 조엄이 버선발로 내려와 오체투지五體投地 하며 말하였다.

"우리 스님, 참으로 반갑습니다."

(出處 : 碧峙落語)

– **제3화** – 영산스님은 조엄의 전세 스승

경상감사 조엄은 전생에 범어사에서 낭백朗伯이란 이름으로 중노릇을 하던 사람이다. 당시에 동래관청에서는 전래의 배불숭유책에 부응하여 200여 종의 부역負役을 스님들에게 부과하였다. 통도사 등 다른 큰절은 부역이 80여 종이었다. 그런 까닭으로 부역을 하며 중노릇 할 사람이 드물었다. 범어사에 중의 숫자가 몇 안 되고, 기왕의 스님들도 부역에 시달려 공부에 집중하기 어려웠다. 스님들이 이렇게 노동이 심할 바에야 차라리 마을에 내려가 잡역을 하고 남은 시간에 공부하는 것이 좋겠다고 생각하게 되어, 산내山內 암자庵子들이 텅텅 비게 되었다.

그때 낭백朗伯스님은 마을에 내려와 비산비야非山非野에 초막草幕을 치고 참외를 심어, 지나가는 배고픈 이에게 참외를 주고, 짚신을 삼아 나그네에게 짚신을 나누어 주었다. 낭백朗伯스님이 생각하기를 내가 중이 되었으나, 박복하여 중노릇을 제대로 못하고 고생만 하게 되니, 금생에 복을 지어 내생에는 경상감사가 되어 스님의 억울한 일을 벗겨주고, 스님들이 불법을 잘 닦게 도우겠다는 원력을 세웠다. 낭백스님이 30여 년을 배고픈 이와 나그네를 위해 힘 다해 보살피다가 죽으면서 말한다.

> "앞으로 20여 년 후에 혹 벼슬하는 사람이 절에 와서 고된 잡역을 없애주거든 그가 곧 나인 줄 알라."

그리고 20여 년 후. 조엄이라는 동래부사가 와서 절 사정을 듣고 범어사에 잡역을 거의 없애주고 스님들을 보호하였다. 조엄이 동래부사가 되어 관아에서 영산影山스님을 뵙고 영산影山스님에게 오체투지五體投地를 하니, 이로부터 동래의 유생儒生들이 범어사 스님들을 함부로 괴롭히지 않게 되었던 것이다.

조엄과 영산의 법희法喜가 있은 후, 동래사람들이 불법을 좋아하게 되었고, 금정산 삼십리 줄기마다 암자가 들어서 불지촌佛地村이 형성되게 되었다. 조엄은 범어사에 노역의 대부분을 면하게 하였다. 영산스님은 조엄의 전세 스승이었다고 한다.

영산스님이 일원상一圓相○을 보이고, 조엄이 "우리 스님, 참으로 반갑습니다." 함으로써 한 고을의 교화를 이루고 범어사를 공부처로 다시 세운 것이다. 조엄은 대마도에서 처음 고구마를 가져와 재배하여 백성들을 구황救荒하였다.

지금 범어사 입구에 조엄부사가 말에서 내린 곳에 하마비下馬碑가 있으며, 조엄을 기리는 영세불망비永世不忘碑가 서 있다.

3. 석교화상 石橋和尙 1812경~?

약적略跡

석교선사石橋禪師는 젊어서 강종講宗으로 존숭尊崇 받으며, 여러 곳에서 강사講師로 지내다가, 뒤에 선종禪宗에 입참入參하여 정진하였는데, 선禪을 하되 손에는 단주短珠를 항상 들고 있었다. 계행戒行이 단정하여, 승가僧家의 풍변風辯에 자장慈藏스님에 버금간다고 하였으니, 아침에는 죽을 드시고 사시공양巳時供養 외에는 다른 음식을 들지 않고 오후불식午後不食하였다.

대소변大小便길 이외는 가사장삼을 벗지 않고, 시주施主집에서도 가사장삼을 벗지 않았다. 평소에 잡담雜談을 일체 하지 않고, 출입出入시에는 시자侍者를 꼭 데리고 다녔다.

스님 방에는 다만 달마達磨스님 초상이 걸려 있었고, 그 앞에 향로香爐가 있을 뿐이었다. 그리고 스님 방에는 여승女僧과 여신도女信徒가 들어가는 법이 없었다. 평생 몸이 불편하다고 눕는 일이 없었으며, 밤에 산길을 다니면 눈에 불을 켠 범이 앞장서서 길을 인도하였다고 한다.

하루는 저녁공양을 마친 후에, 석교石橋스님이,

생生한 바가 있으면 멸滅할 바가 있고,
생生한 바가 없으면 멸滅할 바도 없다.
유有와 무無를 함께 없애 버리니,
바람이 수면水面에 소요逍遙하누나.
옛 부처와 조사祖師가 이와 같이 가셨고,
오늘 석교石橋도 이와 같이 간다네.
이와 같고 이와 같음이 무슨 뜻인가?
청화산青華山에 달뜨니 밤이로구나.

有生有滅　　유생유멸
無生無滅　　무생무멸
有無俱泯　　유무구민
風來水面　　풍래수면
從上佛祖如是去　종상불조여시거
今日石橋如是去　금일석교여시거
如是如是什麽意　여시여시심마의
青華山月正夜時　청화산월정야시

하고는 눈을 지그시 감았다. 입적入寂에 사리舍利와 방광放光은 없었다.

❁ 일화逸話

– 제1화 –

어느 날 석교石橋스님이 출타했다가 돌아오는데 산길 옆에 한 노인老人이 공손히 예를 하고 서 있다.

"저는 이곳 산왕山王이온데, 스님의 행行과 도道가 하도 장壯하시여 호법을 할까 합니다. 앞날에는 화주 노릇도 하겠습니다. 그리고 스님께서 반월법문半月法問을 하실 때, 참석하고자 합니다. 저는 호랑이를 타고 다니니 다른 사람들이 놀라지 않게 주의를 하십시오."

라 하였다. 과연 그 뒤로는 대중大衆이 구름처럼 모여 들어도 절에 식량食糧이 부족하지 않았다. 그런데 반월법문半月法問 때, 절 앞에 등잔만한 눈을 가진 큰 범이 나타나서, 여러 사람들이 놀라서 뛰어 들어오는 일이 일어나므로, 석교石橋스님은 산왕山王을 만난 일을 이야기하여 놀라지 말라고 하였다.

– 제2화 –

하루는 한 젊은이가 석교石橋스님을 찾아와서 절을 하고는,

"부석사浮石寺에 생불生佛이 계신다하기에 찾아와서 법문

法問을 들었습니다. 저도 출가하여 무상대도無上大道를 통通하고 싶습니다."

하였다. 청년의 속성은 무안 박씨務安朴氏로 영해寧海사람인데, 일찍이 진사進士에 급제 했다. 스님은 박진사朴進士의 가정사정이 여의치 못함을 듣고 말하였다.

"도道를 통通하는 것은 몸으로 하는 것이 아니고 마음으로 도道를 통하는 것이니, 승속僧俗이 따로 없다. 출가할 생각은 버리고 거사오계居士五戒를 받아 거사居士로서 공부하거라."

이후 석교石橋스님이 참선參禪을 지도하였다. 태평거사泰平居士는 삼년 동안 집에 가지 않고 조주趙州의 무자화두無字話頭를 들고 정진하였다. 하루는 얻은 바를 송구頌句를 지어 석교스님에게 올린다.

봄에는 꿈 가을에는 졸음으로 삼년을 보내니,
비로소 청산青山의 새 울음소리 들리도다.
조주스님은 왜 무無라고 하였던고?
한 손으로 하늘에 흰 구름 가는 것을 가리키도다.

春夢秋睡過三年　춘몽추수과삼년
始聞青山鳥啼聲　시문청산조제성

趙州老僧什麽無　조주노승심마무
一手指天白雲飛　일수지천백운비

태평거사의 게송偈頌을 보고 석교스님이 답게答偈하였다.

때는 좋아 삼월三月이라 꽃이 피는데,
나비들은 춤추며 뜰 앞을 지나가네.
사해四海의 공부하는 스님네가 모인 곳에,
닭 천 마리에 봉황이 한 마리구나.

好時三月春花開　호시삼월춘화개
蝴蝶紛飛過庭前　호접분비과정전
四海衲子雲集處　사해납자운집처
鷄中千首鳳一首　계중천수봉일수

선문답禪問答

석교石橋 스님이 하루는 태평거사泰平居士를 조실祖室로 불렀다.

"태평거사!"

"네"

"지금 조주趙州스님은 무엇을 하고 계실까?"

"상주설법常住說法하십니다."

"지금 어디에 있느냐?"

"다만 이 방 가운데 계시나, 구름이 깊어 처소를 모릅니다."[只在此房中 雲深不知處]

"너는 아느냐?"

"모르는 바는 아니나, 남에게 가르쳐 줄 수는 없습니다."

"'저울추를 밟으니 굳기가 쇠와 같다'는 말은 무슨 뜻이냐?" (寂然不動地를 향해 노력하라는 뜻)

"저도 내일부터는 오후불식午後不食 하겠습니다."

(出處 : 禪理採根)

4. 박태평거사 朴泰平居士 1839~1922 ?

약적略跡

태평泰平거사는 경북 영해寧海 태생이요, 무안박씨務安朴氏의 삼대독자三代獨子이다. 일찍이 진사進士가 되었고, 십구 세에 혼인을 했으나 자식이 없었다. 석교石橋스님에게 거사오계居士五戒를 받고 태평泰平이라는 법명法名을 받았다. 박진사朴進士의 집이 영해寧海이므로, 영해태평盈海泰平거사라고 법명을 짓고 해설한다.

> "영해盈海는 고苦가 가득한 바다이지만, 태평거사泰平居士는 고해苦海에서도 고苦를 받지 않는다."

영盈은 가득 차 넘친다는 뜻이요, 해海는 거친 곳이다. 석교스님이 그 땅을 고苦에 비유하여 고苦 가운데서 고苦를 뛰쳐나라고 한 것이다. 태평泰平거사는 삼년三年 동안 조주趙州의 무자화두無字話頭를 들고 정진하여 견성見性하였다.

그 뒤, 전국의 명산대찰에 유산遊山하면서 선지식善知識과 고덕高德과 선화禪和를 만나 법담法談을 나누거나 빈 낚시를 드리우며 임성수연任性隨緣하였다. 어느 날, 금강산 만폭동萬瀑洞계곡에 앉아 시를 지었다.

> 청산靑山은 '너다, 나다' 하는 빛깔이요,
> 유수流水는 '옳다, 그르다' 하는 소리로다.
> 청산의 빛깔과 유수의 소리 속에서,
> (이러한 정념의 견문각지見聞覺知 속에서)
> 귀먹은 벙어리는 태평泰平으로 지내노라.

> 靑山人我色 청산인아색
> 流水是非聲 유수시비성
> 山色水聲裡 산색수성리
> 聾啞過泰平 농아과태평

산색수성山色水聲으로 범부의 망견妄見에 비유함을 보고, 태평泰平의 선지禪旨를 의심하는 죽통선자竹筒禪子가 보인다. 통해지견자通解知見者는 밝게 읽을 줄 알 것이다.

태평거사泰平居士는 평소에 가끔 말했다.

> "나는 칠십구세七十九歲 이월二月 십오일十五日 부처님 가신 날 떠나련다."

금강산金剛山 신계사神溪寺 보광암普光庵에 주석했었는데,

오래 전부터 평소에 말한 그날, 저녁 공양할 때에 열반涅槃에 들었다. 앉아서 합장合掌한 채로 손끝을 떨더니 자리에 쓰러졌다. 그때에 방광放光을 하여 온 집이 화안하여 절에 어두운 구석이 없었다고 한다. 그런 연유로 암자 이름을 보광암普光庵이라 하였다.

◎ [박태평거사는 평생을 산수山水 간을 오가며 선지식과 법을 나투고, 공부하는 이를 일깨웠다. 만년에 금강산 신계사에 주석할 때는 스님이었다. 일설에 1912년경 스님의 옷으로 갈아입고 1922년 입적하였다고 한다.]

일화逸話

태평거사泰平居士는 남이 절을 한 번하면 답례答禮는 꼭 두 번씩하고, 평소에 남의 시비是非를 말하지 않았다. 항상 몸을 낮추었고, 목욕을 하지 않아도 몸이 깨끗했다.

공양供養을 할 때에 반찬은 밥그릇 바로 옆에 있는 것부터 먹고, 그 반찬이 다 없어져야 다음 반찬을 먹었다. 과일은 껍질째 다 먹었다. 수박을 껍질 채 먹으므로 옆에서 말한다.

"껍질을 버리고 드십시오."

태평거사泰平居士가 답한다.

"껍질은 수박이 아니냐?"

선문답禪問答

- 제1화 -

어느 날, 영산影山스님을 만나서, 「태평泰平」이라는 글자를 가지고 글을 지었다. 먼저 영산影山스님이 일렀다.

사방 천지에 하나의 일도 없나니,
천하는 태평한 봄이로다.

四方無一事　사방무일사
天下泰平春　천하태평춘

박태평朴泰平거사가 답하였다.

태평 태평하고 또한 태평하나니,
천하태평天下泰平은 박태평朴泰平이로다.

泰平泰平又泰平　태평태평우태평
天下泰平朴泰平　천하태평박태평

- 제2화 -

어느 날, 천장사天藏寺에서 하룻밤을 지내는데, 마침 젊은 강사講師가 있어, 인사를 하게 되었는데 법명이 성우惺牛라고 한다. 성우惺牛는 경허鏡虛의 법명法名이다. 태평泰平거사가 물었다.

"어떠한 것이 깨어있는 소[惺牛]인가?"[如何是 惺牛?]

성우스님이 아무 답이 없으므로, 거사가 말하였다.

"소는 소라도 코 구멍이 없구나!"[牛是牛 無鼻孔也!]

(혹은 '콧구멍 없는 소가 되어야지'라 하였다고 구전口傳한다.)

성우惺牛스님이 태평泰平거사의 천음天音을 듣자마자, 전후단제前後斷際하더니 홀연히 개오開悟하여 읊는다.

문득 콧구멍 없다는 말을 듣고,
몰록 삼천대천세계가 곧 내 집임을 깨달았도다.
유월 달 연암산 아래 길,
거사居士가 무사태평가無事泰平歌를 부르누나.
[野人을 居士로 解하여 譯하다]

忽聞人語無鼻孔　홀문인어무비공
頓覺三千是吾家　돈각삼천시오가
六月燕岩山下路　유월연암산하로

野人無事泰平歌　야인무사태평가

성우惺牛가 "소는 소라도 코 구멍이 없구나!"라는 태평泰平거사의 언하言下에 대오하였다. 태평泰平거사가 허여許與하여 인가印可하였다. 그리고 당부의 말을 남기고 금강산으로 떠났다.

"삼년三年을 보림保任하시게. 성성惺惺하지 못하면 퇴굴한다네!"

서산瑞山의 연암산燕巖山 천장사天藏寺는 경허鏡虛의 속가형俗家兄 태허당太虛堂이 주지로 있는 절이다. 당시에 박태평거사는 영산스님과 더불어 무애도인無碍道人으로 널리 알려져 있었다. 이즈음 경허鏡虛도 박거사의 명성을 들어 알고 있었던 것이다.

경허집鏡虛集의 내용은 중간重刊을 거치는 과정에 더해지고, 수정된 곳이 보인다. 한암화상의 이처사李處士 운운云云은 시기時期가 맞지 아니하고, 개오일화開悟逸話에 조리條理와 근거가 미명未明이다.

경허鏡虛의 오도송悟道頌에 연암산燕巖山, 야인野人, 태평가太平歌가 보인다. 깨어있는 소[惺牛]는 경허의 법명이요, 연암산은 천장암의 뒷산이다. 야인野人은 거사居士요, 태평가太平歌는 박태평거사의 게송偈頌이다. 경허의 스승은 두 분이다. 강맥講脈으로는 만화萬化스님이요, 선맥禪脈으로는 박태평거사朴泰平居士라 하겠다. 경허鏡虛의 오도송悟道頌에는 박태평거사의 슬기가 묻어 있다.

– 제3화 –

태평거사泰平居士가 길을 가는 도중에 보니, 어떤 큰스님이 행차를 하는데, 여러 사람이 옹위擁衛하고 간다. 알아보니 이름 난 허주선사虛舟禪師 이다. 태평거사가 허주선사虛舟禪師 앞에 나가 땅에 넙죽 엎드려 절하고서 수작酬酌을 건다.

"한 말씀 묻고자 합니다."

"무슨 말인고?"

"제가 언제 땅에서 일어나게 되겠습니까?"

"일어날 때까지로다."

"일어날 때는 언제가 됩니까?"

"까마귀 머리에 뿔 날 때이다."[烏頭生角時니라]

태평거사가 일어나면서 말하였다.

"허주도 인허진隣虛塵을 녹이지 못했구나."

[虛舟도 未盡隣虛塵이라]

뒤에, 영산影山스님이 이 소문을 듣고 말하였다.

"허주 스님은 일을 좋아 하는 사람이다. 내가 만약 그때를 당했다면 돌아볼 것 없이 가버렸을 텐데."

[虛舟和尙은 好事者라. 我若當時시면 不顧而去하리라]

– 제4화 –

태평 태평하고 또한 태평하나니, 泰平泰平又泰平
천하태평은 박태평朴泰平이로다. 天下泰平朴泰平

박태평거사의 게송偈頌은 당시에 속가俗家에도 널리 알려져, 아이들이 노래로 부르며 놀이를 하였다. 지금도 밀양과 청도지방에서는 아이들이 태평가를 부르며 놀이를 하고, 노인들도 먼 산을 바라보며 태평거사의 태평가에 민요의 곡조를 붙여 흥얼거린다. 태평거사泰平居士는 유산遊山하다가 선객禪客을 만나면, 이 게偈를 읊으며 그물을 드리웠다.

다른 때에, 태평泰平과 불평不平을 묶어서 본래소식本來消息을 송頌하며 학인學人을 이끌었다.

"태평泰平과 불평不平이 본래태평本來泰平이로다."

[泰平과 不平이 本來泰平이로다]

(出處 : 禪理探根, 碧峙落語)

5. 무용화상 無用和尙 1848~?

약적略跡

무용無用스님은 고종高宗 때 순천順天에서 태어났다. 조실부모早失父母하고 머슴살이로 20세까지 더벅머리 총각으로 지내다가, 송광사松廣寺에서 온 탁발승托鉢僧을 따라가서 출가했다. 글을 몰라서 공양주供養主로 일하면서 한 달에 요미料米로 쌀 삼두三斗씩 받았는데, 그 쌀을 모아서 산중山中에 토굴土窟을 짓고 십년十年을 하루같이 관음기도觀音祈禱를 하여, 삼매三昧를 득하여 세상사世上事를 거울 들여다보듯 하였다.

그 뒤로 두루 경승한처景勝閑處를 찾아서 머물며 항상 관세음보살觀世音菩薩을 염念하였다. 평소에 잠도 별로 자지 않고, 주야晝夜로 입을 달삭이며 다른 이가 따르지 못할 속도로 관세음보살을 외웠는데, 선리禪理나 교리敎理에 관한 법문은 없다. 그리고 계행戒行은 별로 지키지 않았고, 술과 고기 등 악식惡食을 가리지 않았다.

일화逸話

– 제1화 –

태백산太白山 도솔암兜率庵에서 젊은 용성龍城스님이 한 때, 시봉侍奉하였다. 하루는 무용無用스님이 말하였다.

"내가 떡과 술 생각이 있느니라. 여기서 한 삼십리 밖에, 길옆에 있는 큰 부자 집에서 잔치를 하고 있으니, 가서 떡과 술을 좀 얻어 오너라!"

용성龍城스님이 가서 보니 사실이었고, 가끔 이와 비슷한 일이 있었다. 용성龍城스님이 시봉하다가 사도邪道로 의심하여 무용스님을 떠났다.

– 제2화 –

궁宮에 있던 천상궁千尙宮이 해인사海印寺 주지인 이회광李晦光을 조실祖室로 모시고 망월사望月寺에서 만일회萬日會 염불원念佛院을 열었다. 어느 날 무용無用스님이 누더기를 입고 망월사에 왔다. 조실祖室 회광晦光과 대화를 나누더니, 회광이 조실자리를 무용스님께 올리고, 자기는 화주化主가 되었다.

당시 회광晦光은 선지식善知識으로 자만自慢이 있었는데,

조실祖室자리를 무용스님에게 양보하는 것을 보고 백百여 명의 수좌首座들은 의아하게 생각했다.

그때 절 입구에 간호실看護室을 두었는데, 모인 수좌首座들은 대부분이 노승老僧들이라, 간호실에 들어가면 죽는 사람이 태반殆半이었다. 조실인 무용스님은 아침 공양을 드시고는 부전스님을 불러서는,

"목탁 가지고 간호실에 가서 앓는 스님을 위해 시다림 법문을 하라."

하고는, 그 죽는 시간을 예언하는데, 모두 그대로 맞으니, 대중과 천상궁千尙宮이 무용無用스님을 존경하였다.

- 제3화 -

망월사望月寺의 만일회萬日會가 해산되자, 무용無用스님은 호남湖南의 내포內浦 천장사天藏寺로 경허鏡虛스님을 찾아갔다.

경허鏡虛스님을 만나 보니 지기지우知己之友라, 같이 서해西海 바닷가로 해서 생선生鮮 한 두름을 어깨에 메고, 소주燒酒 한 병을 손에 들었으며, 장죽長竹에 담배를 피워 물고서, 송광사松廣寺 산문山門을 들어섰다. 대중스님들이 이를 보고,

"어디서 이런 외도外道들이 오느냐?"

하고 몽둥이를 들고 쫓아내려 하자, 경허鏡虛스님이

"잘 됐다. 이놈들아! 나는 죽을 곳을 찾는 중이다."

하고 웃통을 벗고 들이 대었다. 할 수 없이 여러 스님들이 달려들어 경허鏡虛와 무용無用을 물방앗간에 밀어 넣었다. 그러자 경허鏡虛스님이 말한다.

"이만하면 대궐이다. 무용無用스님! 안주 볶아서 한잔 합시다."

생선을 구워서, 소주燒酒 한 병을 다 비웠다. 이튿날 아침에, 무용無用스님이 주장자拄杖子를 들고 조실스님 방 앞에 가서 말한다.

"동고東杲화상! 너 어디 갔다 왔느냐? 내가 아니었으면 너는 어제 까치집에 들어갈 번 했다."

하고는 경허스님과 함께 그 절을 떠났다. 그런데 실은 송광사松廣寺 조실祖室인 동고東杲스님이 병으로 앓다가 전날 밤에 죽었다. 동고東杲스님의 영혼靈魂이 떠나가다가 큰 누각樓閣이 보여서 "저것이 무슨 누각인가?" 하니, 곁에서 어떤이가 설명해 주었다.

"아미타불阿彌陀佛이 상주설법常住說法하시는 장엄누각이오."

동고東杲스님이 말한다.

"아이구. 내 평생에 극락세계極樂世界 가기를 원했는데,
빨리 가서 법문法問을 들어야 하겠다."

하는데, 웬 노승老僧이 달려와서 주장자拄杖子로 사정없이 등을 후려치는 바람에 동고東杲스님이 죽음에서 깨어났다.

6. 경허성우 鏡虛惺牛 1849~1912

경허선사鏡虛禪師는 속성이 송씨宋氏요, 법명은 성우惺牛이다. 태어날 때 이향異香이 방에 가득하였고, 출생 후 삼일 만에 울음소리를 터뜨렸다. 어려서 출가하여 신동神童이라 불렸고, 스물셋에 동학사東鶴寺 강사講師를 하다가, 여름에 천장사天藏寺로 속가의 친형인 태허泰虛스님을 찾아 갔다. 거기서 영산影山스님과 더불어 도인道人으로 이름 높은 박태평朴泰平거사를 만난 것이다.

성우惺牛라고 인사를 올리니, 거사居士 이르기를 "성우惺牛라, 어떤 것이 깨어있는 소[惺牛]인가?"라 하였다. 경허鏡虛는 말이 없었다.

박태평朴泰平거사는 "소는 소라도 콧구멍이 없구나!"라 한다. 경허鏡虛는 "소는 소라도 콧구멍이 없구나!"라는 말을 듣자마자 전후단제前後斷際하여 응연부동凝然不動하더니 얼마 후, 개오開悟하여 읊는다.

문득 콧구멍 없다는 말을 듣고,
몰록 삼천대천세계가 곧 내 집임을 깨쳤도다.

유월 달 연암산燕巖山 아래 길에
거사居士가 무사태평가無事泰平歌를 부르누나.

忽聞人語無鼻孔　홀문인어무비공
頓覺三千是吾家　돈각삼천시오가
六月燕岩山下路　육월연암산하로
野人無事泰平歌　야인무사태평가

'콧구멍 없는 소'란 공적영지空寂靈知의 자성당체自性當體를 가리킨다. 다시 말해 '콧구멍 없는 소'의 의지意旨는 공적영지空寂靈知의 무상진심無相眞心을 드러내 보인 것이다.

> "성우화상惺牛和尙은 강사講師로써 깨어있는 소를 알지 못하면서 어찌 불법佛法을 강론講論 하는가?"

라는 태평泰平거사의 나무람이다. 이어 "소는 소라도 콧구멍이 없구나!"라 하여 질책하였다. 태평거사는 경허가 법기法器임을 알아보았던 것이다. 소는 자성自性의 비유譬喩이다. 곽암藿巖의 십우도설十牛圖說 이후로 자성自性을 소에 비유한다. 박태평朴泰平거사는 선문禪門의 숨은 재목을 찾아 일깨우는 선말鮮末의 대선객大禪客이다. 경허鏡虛는 '콧구멍 없는 소'라는 말을 듣자마자 대장부大丈夫의 문을 연 것이다. 경허 31세이다.

경허는 개오開悟이후 천장사天藏寺 뒷방에서 삼년간 두문불출杜門不出하고 입정入定하여 무량겁無量劫으로 익힌 정습情習을 녹이는데 힘썼다. 그 후 지팡이에 의지하여 팔도를 편답遍踏하였다. 만년晩年에는 승복을 입지 않고 흰 두루마기에 망건과 갓을 하고 장죽長竹을 물었다. 무일푼으로 문전걸식門前乞食하며, 잠은 아무데서나 자고, 음식도 주酒와 육肉을 가리지 않았다.

다만 "제사祭祀음식(물밥 혹은 고수레 음식)은 먹는 법이 아니다."고 말하고, 다른 사람들도 먹지 말라 하였다. 금강산金剛山 구경을 갔다가 내친걸음에 함경북도 삼수갑산三水甲山으로 가서 송진사宋進士(혹은 朴蘭珠)라고 은칭隱稱하며, 산골 아동들을 모아 글을 가르치다가 세상을 떠났다. 문제자門弟子들이 스님이 간 곳을 알지 못하여 걱정하던 중, 우연히 갑산甲山에서 입적入寂하였다는 소식을 듣고(1928년) 혜월慧月과 만공滿空과 철우鐵牛 세 스님이 찾아가 묘를 해체하여 다비 하였다. 1904년 자취를 감춘 때로 부터 24년만이다. 파묘破墓할 때 보니, 입던 의복衣服 그대로 맞 가래질을 하여 매장埋葬했는데, 저고리 속에 송구頌句가 들어 있었다.

삼수갑산 깊은 골짜기에,
속인俗人도 아니요 중僧도 아닌 송경허宋鏡虛라.
고향천리에 인편人便이 없어,

세상 떠난 부고訃告는 백운白雲편에 부치노라.

三水甲山長谷裡　삼수갑산장곡리
非俗非僧宋鏡虛　비속비승송경허
故鄕千里無人便　고향천리무인편
別世悲報付白雲　별세비보부백운

약적略跡

1849년생. 스님의 성姓은 송씨宋氏요, 법명法名은 성우惺牛이다.

1857년 9세, 경기도 청계사淸溪寺에 가서 당취승(땡초) 계허桂虛를 은사로 하여 출가. 계허桂虛가 환속 후, 동학사東鶴寺 만화강백萬化講伯에게 일대시교一大時敎를 수료. 공부하는데 느리지도 급하지도 아니하나, 다른 사람보다 열배나 앞섰으며, 내외內外에 정통, 이름을 팔도에 떨치다. 만화萬化는 금강산 율봉화상栗峰和尙의 수문인首門人이다.

1871년 23세, 대중들의 물망物望에 올라 동학사東鶴寺에서 개강開講.

1879년 31세, 박태평거사가 천장암에 와서 경허와 대화를 하였다. 성우惺牛라고 인사를 하니, 거사居士 이르기를

"성우惺牛라, 어떤 것이 깨어있는 소[惺牛]인가?"라 하였다. 경허가 답하지 못했다. 또 박태평거사가 "소는 소라도 콧구멍이 없구나!"라 한다.

경허는 "소는 소라도 콧구멍이 없구나!"라는 말을 듣고, 얼마 후 전후단제前後斷際하여 응연부동凝然不動하더니 개오開悟하여 읊는다.

忽聞人語無鼻孔　홀문인어무비공
頓覺三千是吾家　돈각삼천시오가
六月燕岩山下路　육월연암산하로
野人無事泰平歌　야인무사태평가

박태평朴泰平거사는 선문禪門의 숨은 재목을 찾아 일깨우는 선말鮮末의 대선객大禪客이며 경허의 스승이다. 경허는 이로부터 임성수연任性隨緣하며 육신肉身을 잊고 작은 절개에 구애받지 않으며 유유자적悠悠自適하였다.

1880~1890년 32~40세, 홍주洪州 천장암天藏庵과 서산의 개심開心寺와 부석사浮石寺 등지에 왕래하면서, 때로는 명심묵상瞑心黙想하고, 때로는 사람을 위하여 설교說敎하면서 선풍禪風을 떨쳤다.

1884년, 혜월慧月을 인가印可.

1887년, 수월水月을 인가印可.

1898년 50세, 봄. 범어사 계명선원에서 설법.

1898년, 성주星州 수도암修道庵에서 수심결修心訣 강설講說. 한암漢巖에게 개심開心[測知]을 허여許與하였다. 개심開心이란 소지견小知見으로 불법佛法의 종지宗旨를 대략 알아듣는다는 뜻이다. (한암漢巖은 1898년 봄부터 여름까지 배웠다)

1899년 51세, 해인사에 주석, 대중이 스님을 법주法主로 모시다. 해인사에서 한암과 이별시離別詩를 주고받는다. 용성龍城스님이 경허의 막행莫行을 보고 혀를 차며 바르지 못하다고 말하고 해인사를 떠나 금강산으로 떠났다.

1900년 52세, 표충사表忠寺에서 선풍禪風을 드날리던 침운현주枕雲玄住선사를 만나 인가印可하다. 침운枕雲의 생몰연대는 알 수 없으나 경허와 비슷한 연배였다고 한다. 침운枕雲은 만년에 범어사에서 설법을 하고 임종게臨終偈를 쓰고, 다음날 좌탈坐脫하였다. 침운枕雲은 경허의 도반道伴이었을 것이다. (침운선사는 만해卍海가 고증考證하였다.)

1902년 54세, 범어사梵魚寺 오성월吳惺月스님의 지견知見을 허여許與하다. 오성월스님이 선문禪門의 요결要訣을 편집하였는데, 경허스님이 선문촬요禪門撮要라 이름을 지어주다.

1903년, 경산도, 전라도 등지를 유산遊山하다.

1904년 56세, 봄. 부석사를 거쳐 수덕사에 머물다가 뒷산의 산적에게 동자승이 해를 입음을 보다[口傳]. 은거隱居하여 여습餘習을 지우고 금강삼매金剛三昧에 들 것을 생각하다.

1904년 7월 15일, 천장암天藏庵에 가서 만공滿空에게 은근분부慇懃分付의 전법게傳法偈를 급히 써주다. 오대산 및 금강산을 돌고, 안변 석왕사釋王寺에 이르러서 오백 나한羅漢의 개분불사에 증명하였다. 그 뒤로 세상을 피하고 이름을 숨기며 갑산甲山에 자취를 감추었다.

1905년 57세, 강계에서 담여淡如 김탁金鐸을 만나다.

1906년, 산골 서당을 열어 아동을 지도하다.

이때, 송진사宋進士라 은칭隱稱하였다.

1912년 64세, 4월 25일, 갑산甲山 웅이방熊耳坊 도하동道下洞에서 입적入寂. 법랍法臘 56세.

(出處 : 韓龍雲, 碧峙落語)

일화逸話

어느 때, 경허스님이 한양 봉선사奉先寺로 홍월초洪月初스님을 찾아 갔다. 월초스님은 홍대비洪大妃의 친정조카로서 출가하여 당시에 도총섭都總攝[宗正]으로 있었다. 경허가 옷을 갈아입고 고요히 앉았는데, 월초月初스님이 이른다.

"오늘 저녁 산중대중山中大衆에게 선법문禪法問을 하시면 곡차穀茶를 실컷 대접하겠소."

경허스님 대답이 답한다.

"나는 곡차穀茶를 못 마실지언정 법문은 못하겠소. 법문이라는 법문은 모두 물에 씻어 버렸기 때문이오."

월초月初가 과연 도승道僧이라 찬하고 곡차穀茶와 안주를 대접하였다. 떠날 때 노자를 주니 "나는 돈하고는 이별離別한 지가 오래 되오." 하며 받지 않고 떠났다.

낙어落語

하나,

경허선사가 수제자首弟子인 삼월三月을 평한 이야기가 전한다. "정진精進은 수월水月을 능가할 자가 없고, 지혜智慧는 혜월慧月을 당할 자가 없으며, 월면月面[滿空]은 복福이 많아 대중을 많이 거느릴 것이다."

둘,

1800년대 후반~1900년대 초의 선지식善知識, 북수월北水月, 남혜월南慧月, 동한암東漢巖, 서만공西滿空이 모두 경허선사鏡虛禪師 초기의 제자들이다. 선문촬요禪門撮要를 편찬한 범어사 오성월선사吳惺月禪師도 경허鏡虛의 제자이다.

셋,

(나를 때리지 못한다.) 경허스님이 마정령馬亭嶺이라는 재를 맨발로 넘어가는데, 그때 마침 산에서 나뭇짐을 지고 내려오던 초동樵童들이 보고 웃었다. 경허스님의 행색이 머리는 깎았으되 수염은 길렀으며, 맨발에다 자루를 짊어진 육척의 거인이다. 스님이 나무꾼 아이들을 불러놓고 물었다.

"너희들이 나를 알겠느냐?"
"저희들은 스님을 알지 못합니다."

"그러면 너희들이 나를 보느냐?"
"예, 지금 스님을 보기는 합니다."

"이놈들아, 나를 알지도 못한다고 하면서 나를 어찌 본다고 하느냐?"

주장자拄杖子를 아이들에게 내어 주며 말한다.

"얘들아, 누구든지 이 막대기로 나를 한 번 때려 봐라. 만약 너희들이 나를 제대로 때리기만 하면, 그 이 자루의 과자와 돈을 다 줄 것이다."

그 가운데 한 초동樵童이 나서서 주장자를 받아 스님을 쳤다. 그러자 스님이 아이들을 보고는 계속하여 말한다.

"때려 봐라. 나를 때려 봐라."

"저희들은 분명히 스님을 때렸습니다."

"하지만, 너희들은 나를 때리지 못했다. 만약 나를 때렸다면, 부처도 때리고, 조사祖師도 때렸다."

스님은 껄껄 웃으며 돈과 과자를 아이들에게 주고는, 마정령 고개를 넘어 가면서 노래 한 곡조를 읊었다.

세상사람 모두 어두운데, 홀로 깨었음이여!
숲속에서 남은 생을 보내는 것만 같지 못하리.
[三碧子云 醒醒者는 不如逍遙者라]

擧世渾然我獨醒 거세혼연아독성
不如林下度殘年 불여임하도잔년

넷,

경허선사가 천장암에 있을 때, 학인이 찾아와서 불법을 물으면, 종일 그대로 앉아 있으면서 말씀이 없었다. 그러다가 어떤 이가 곡차를 올리면 그 곡차를 다 마시고 난 후에는 법문을 하루 종일 하였다. 만공스님이 경허스님에게 항의하였다.

"스님께서는 만인에게 평등하셔야 할 도인이신데, 어찌하여 그렇게 편벽하십니까?"

경허스님이 말하였다.

"법문을 술김에나 하는 것일세."

선문답禪問答

– 제1화 –

가야산伽倻山 해인사海印寺에서 결제結制 때, 법좌法座에 올라가, 주장자拄杖子를 들어 법상法床을 한 번 치고 이른다.

"삼세三世의 모든 부처와 역대 조사祖師와 천하의 선지식善知識과 노화상老和尙들이 모두 여기에 있다."

다시 주장자를 들어 법상法床을 한 번 치고 이른다.

"삼세三世의 모든 부처와 역대 조사祖師와 천하의 선지식善知識과 노화상老和尙들이 모두 따라 온다."

또 다시 주장자로 법상法床을 한 번 치고 이른다.

"삼세三世의 모든 부처와 역대 조사祖師와 천하의 선지식善知識과 노화상老和尙들이 모두 따라 간다. 대중은 알겠는가!"

대중大衆이 아무 대답이 없자 주장자를 던지고 법좌法座에서 내려오자, 어떤 스님이 묻는다.

"옛 사람이 이르기를 「얼굴을 움직이며 옛 길에 드날려, 초연悄然한 기틀에 떨어지지 않는다.」 했으니 어떤 것이 '옛 길'인 고로古路입니까?"

"고로古路에 둘이 있으니, 하나는 평탄한 길이고 하나는 험한 길이다."

"어떤 것이 험로입니까?"

"가야산 아래로 천 갈래 길에, 거마車馬가 때때로 왕래한다."

"어떤 것이 평탄한 길입니까?"

"천길 절벽에 사람이 올라 갈 수 없고, 오직 원숭이가 거꾸로 나무에 올라간다."

– 제2화 –

경허선사가 여름 해제 날 법좌에 올라, 동산화상이 대중에게 설한 구절을 들어 이른다.

"초가을 여름 끝에 형제들이 동쪽으로도 가고 서쪽으로도 가는데, 모름지기 만리萬里에 풀 한포기도 없는 곳을 향하여 가거라."

경허선사가 또 이른다.

"나는 그렇지 않아서, 초가을 여름 끝에 형제들이 동쪽으로도 가고 서쪽으로도 가는데, 모름지기 길 위에 잡초들을 일일이 밟고 가야 옳도다. 그렇다면 내 말이 동산의 말과 같은가 다른가."

대중이 대답이 없자, 묵묵히 있다가 이르기를,

"대중이 답이 없으니, 내가 스스로 답하리라."

하고는, 문득 법좌에서 내려와 방장으로 돌아갔다.

– 제3화 – 콩 법문

혜월수좌가 경허선사에게 묻는다.

"관세음보살이 북北으로 간 뜻[宗旨]이 무엇입니까?"

경허선사가 답한다.

"콩 한 되에 두 돈도 하고, 서 돈도 하니라."

– 제4화 –

어느 날 정거사鄭居士가 천장암으로 경허선사를 찾아 왔다. 정거사는 방으로 들어가서 인사도 않고 경허 맞은편에 그냥 앉았다. 경허가 토사성문吐辭成文으로 말했다.

이곳은 바닷가의 구석진 벽지로서,
오랫동안 용도 뱀도 보지 못했는데,
오늘 온 이는,
용인가, 뱀인가?

此處海隅僻地　차처해우벽지
久不見龍蛇　구불견룡사
今日來者　금일래자
是龍耶是蛇耶　시룡야시사야

정거사가 경허에게 절을 하고는,
석가부처가 석가부처에게 절하고,
미륵불이 미륵불에게 절합니다.

釋迦佛拜釋迦佛　석가불배석가불

彌勒佛拜彌勒佛　미륵불배미륵불

– 제5화 –

계룡산의 태평상인太平上人이 경허선사가 서산 부석사浮石寺에 있다는 말을 듣고 찾아가 한 마디 던졌다.

"무엇이 달마대사가 서쪽에서 온 뜻인가?"

[如何是 祖師西來意인가?]

경허가 대꾸 없이 주장자를 들어 태평상인을 쳤다. 태평상인 말한다.

"때리기는 때렸어도, 조사서래의祖師西來意는 아니다."

그러자 경허선사가 되받아 묻는다.

"무엇이 달마대사가 서쪽에서 온 뜻인가?

[如何是 祖師西來意인가?]

그 말을 듣고 태평상인이 즉시 주장자로 경허선사를 쳤다. 그러자 경허선사가 말한다.

"사자獅子는 사람을 물고, 한韓나라 개는 흙덩이만 좇는

다.” [獅子咬人하고 韓盧逐塊로다.]

- 제6화 -

해인사에 조실로 있던 어느 날, 경허스님이 경상도 예천禮川의 석두거사石頭居士 김병선金炳善을 찾아갔다. 석두거사石頭居士가 앉아 있는 방房안으로 들어갔는데, 석두거사는 아는 체 아니하고 묵묵히 앉아 있었다. 경허스님과 서로 마주 보면서도, 우두커니 바라보며 앉아 있었다. 주객主客은 한참 동안 서로 말 없이 앉아서, 마주보기만 하였다. 경허스님이 이윽고 말문을 열었다.

“석두거사石頭居士! 내 그대의 성화聲華를 들은 지가 오래더니, 과연 헛된 이름이 아니로세.”

“혹여 경허대사가 아니시오. 헌데 어디에서 나를 보았소?”

“악!”

하고 일할一喝하다.

“가을바람이 반야般若를 깨우누나.”

“석두!”

석두거사石頭居士와 경허스님鏡虛大師은 마주보고 크게 웃었다. 그리고 흔연히 법담法談을 나누며 밤새워 곡차穀茶를 마셨다. 주객主客은 모처럼 법우法友를 만나, 며칠을 같이 지냈다.

(出處： 碧峙落語)

– 제7화 –

경상남도 고성군 동해면 장기리에 묵근자墨根子라는 거사가 있었다. 그의 성명은 묵희墨熙(1878~1938?)이다. 그는 본시 중국인으로 청나라에서 귀화하여 고성에서 살고 있었는데, 서당을 열어 아해들을 가르치는 외에 늘 독서讀書와 묵좌默坐에 젖었다. 그리고 홀로 들과 산을 거닐었다. 선정禪定이 깊었다고 한다. 1989년경 경허대사鏡虛大師의 명성을 듣고 편지를 보내어 법法을 물었다. 당시 경허는 범어사에 머물며 답한 듯하다. 답서는 아래와 같다.

> "대저 일점 신령한 마음은 확연廓然히 말쑥하여 공적영지空寂靈地[田地]에 터럭만한 흔적도 없습니다. 따라서 도달할 본래 자리에 도달하면 자기의 밖이니 자기니 하며, 지리支離하고 모호하게 구별할 필요가 없습니다. 이 경지에 이르면 자유自由라는 두 글자도 쓸데없는 말일 뿐입니다."
> [夫一點靈臺, 廓然淨盡, 絶廉纖, 勿痕縫於本有田地. 到其所到, 不用支離塗糊於己之外與己矣. 其自由二字, 亦閒言語.]

- 제8화 -

묵근자墨根子가 행주좌와行住坐臥에 삼매三昧가 한결같다고 하며 경허대사에게 편지로써 공부를 물으니 경허가 답한다.

"반야삼매般若三昧의 힘으로 금강金剛의 바른 정定에 편안히 머물고 계신다니, 도체道體가 평안하고 만복하심을 축하합니다. 이 중(추독鯫禿)은 도道에는 진전이 없고 사람을 제도하지 못하고 있으니, 비록 평안하나 무슨 말을 하리오. 드릴 말씀은 지난번에 보내주신 염기가拈己歌와 두 연구聯句를 쓴 것은 이 글씨 이 노래를 평범한 세상 사람이 어찌 할 수 있는 것이겠습니까! 너무도 좋아서 완상玩賞하느라 글씨의 먹이 변하고 종이가 헤질 지경입니다. 진상서陳尙書[진조陳操]와 방거사龐居士가 이 세상에 다시 있을 줄 생각지도 못했습니다. 고인이 이르기를 "지극한 이치를 궁구하는 것은 깨달음을 법칙으로 삼는다.[硏窮至理, 以悟爲則]" 하였습니다.
대저 불법을 배우는 이들이 실지實地를 밟지 못하고 문자나 알음알이로만 불법을 알다가 죄다 업풍業風의 힘에 휘둘려 마침내 실패하고 마니, 자신을 스스로 잘 점검하여 공부를 정밀하게 해야 합니다. 서로 사는 곳이 다소 멀어 만나서 회포를 풀지는 못하지만 심월心月은 거리에 구애

되지 않으니, 그저 이 심월心月의 삼매三昧로 서로 만나고자 합니다. 마침 인편이 있기에 몇 자로 안부를 묻습니다. 이만 줄입니다. 대필代筆하게 하는 터라 예禮를 모다 갖추지 못합니다. 합장하고 올립니다."

[以般若三昧力安住金剛正定, 爲賀道體寧福. 鯫禿於道未進, 於人未度, 雖安何道? 就控向惠拈己歌與二聯寫, 此筆此咏, 豈常世人所能哉! 清賞愛翫, 不覺墨渝紙弊. 陳尚書·龐居士, 不意復有於斯世也. 古人云"研窮至理, 以悟爲則." 大抵學佛者脚不踏實地, 文字知解, 盡是風力所轉, 終成敗壞, 自家點檢理會, 不得鹵莽. 相去稍遠, 未能面穩, 心月無間, 只得以此三昧相團. 適有信便, 以數字相候, 餘客腕代草, 不備. 和南.]

7. 수월음관 水月音觀 1855~1928

약적略跡

1855년, 홍성에서 출생. 속성俗姓은 전씨田氏이다.

1883년 29세, 서산 천장암天藏庵에서 태허성원太虛性圓에게 출가하였다. 태허스님은 경허鏡虛스님의 속가의 친형이다. 태허스님이 친모親母를 모시고 있었다. 경허鏡虛와 박태평거사朴泰平居士, 수월水月, 혜월慧月, 만공滿空, 정처사鄭處士 등의 만남이 모두 천장암天藏庵에서 이루어진다. 수월水月은 천장암의 부목負木으로 있었다.

1887년에 33세, 겨울에 천수주를 외우다가 불망념지不忘念智를 얻고 경허鏡虛의 지도를 받고서 오도悟道하여 경허鏡虛의 인가印可를 받다.

1888년, 해인사海印寺.

1889년, 월정사 상원암에서 한암漢岩과 함께 정진.

1890년, 금강산 유점사楡岾寺.

1892년, 금강산 마하연摩訶衍.

1897년, 묘향산妙香山 중비로암中毘盧庵에 가서 3년 동안 염불삼매念佛三昧에 들다.

1900년, 묘향산 보현사寶玄寺 조실祖室.

1903년, 강계군 천마산天摩山 자북사子北寺 객거客居.

1905년, 강계에서 경허스님과 조우?

1906년, 은거隱居. 경허의 족적을 남쪽에 전하다.

1912년, 스승 경허선사 입적.

1913년, 백두산 밑 어느 농가에서 3년간 소를 돌보다.

1916년, 동녕현 동삼차구에서 6년간 은거.

1921년, 왕청현 나자구에 화엄사를 짓고 8년 주석.

1928년 7월 16일 세수 74세, 법랍 45년으로 입적.

- 일설에 수월스님은 어릴 때는 인근 고을에서 머슴을 살다가, 20대에 천장암天藏庵에 절 머슴인 불목하니[負木]로 들어왔다가, 29세인 1883년에 태허스님을 은사로 출가했다고 한다.

- 다른 설이 있다. 설정스님[德崇山 定慧寺]에 의하면, "수월선사는 천장암 아래의 갈산마을 사람으로, 전씨田氏이며, 독자獨子였고, 어려서 출가했다."고 한다. 이것은 설정이 수

월선사와 같은 마을 사람이었던 지선至善노스님으로부터 들었다고 한다.

수월은 천장암에서 경허선사를 만나서 불법공부를 본격적으로 하게 되었다. 집안이 가난하여 배우지 못한 수월은 문맹이었다. 불법공부도 천수경의 대비주大悲呪를 듣고 외워서 오직 주력呪力으로 정진했다고 한다. 수월은 천장암의 잡일을 하면서 행주좌와行住坐臥 어묵동정語默動靜에 항상 천수대비주千手大悲呪를 염念하였다.

주력삼매呪力三昧에 들어서 자신도 모르게 방광放光을 하여 주위 사람들을 놀라게 한다. 수월은 우직하게 대비주진언 외우는 것에만 열중했다. 주력공부를 간단間斷없이 하여 다라니삼매에 들었다. 이 공력으로 수월은 한 번 들으면 잊어버리지 않는 불망지不忘智와 병病을 치유하는 신통神通을 얻게 되었고, 소문이 나자 그를 찾아오는 환자들이 나날이 늘어났다.

일심一心으로 주력공부에 전념하여, 33세인 1887년에 오도悟道했다. 오도 후, 천장암을 떠나서 해인사, 월정사 상원암, 금강산의 유점사와 마하연摩訶衍, 묘향산의 비로암등에서 후학들을 지도하면서 계속해서 대비주로 정진하였다. 수월선사는 국내의 명찰을 두루 거친 후에, 만주지방으로 발길을 잡았다.

수월선사가 북쪽으로 거처를 옮긴 까닭은, 치료를 구하

는 환자들이 자꾸 찾아와서 공부할 겨를이 없어 북으로 피신했다는 설이 있다. 다른 설은 스승 경허선사를 찾아 함경도 삼수·갑산으로 다니다가 북쪽으로 나아가게 되었다고 한다.

수월선사의 만년은 대체로 철우鐵牛스님(1895~1979)의 전언傳言과 소문이 전부라 하겠다. 1928년에 경허스님의 입적을 인편으로 혜월스님에게 알린 이가 수월스님이라는 얘기가 전한다. 수월선사가 처음 두만강을 건너 북행할 적에, 두만강 가까이에 있는 회막동에서 잠간동안 소 떼를 돌보는 일꾼 노릇을 하기도 했다. 수월은 북행을 계속하여 만주와 러시아의 국경지대인 수분하로 들어갔다고 한다. 다시 얼마 지나지 않아 왕청현 나자구 송림산松林山으로 들어갔다. 1921년 왕청현 나자구에 작은 절을 지어 화엄사華嚴寺라 하였다.

1928년 7월 16일 화엄사에서 8년 동안 주석하다가, 세수 74세, 법랍 45년으로 입적했다. 한용운이 발행하던 잡지인 불교는 수월스님이 북간도에서 입적하고 6개월 뒤에야 열린 추도식에 즈음하여 "전 조선을 통하여 현대의 유일한 대선지식大善知識이신 전수월대선사田水月大禪師께서 열반하셨다."고 알렸다. 일찍이 경허선사가 제자를 평함에, "정진精進은 수월水月을 능가할 자가 없다."고 하였다.

❁ 일화逸話

- 제1화 -

수월선사가 만주에 머물고 있었을 당시는 비적匪賊이 마을을 습격하여 약탈을 자행하던 시절이다. 비적을 막기 위해 집집마다 황소만큼 큰 개를 길렀다. 이 개들은 마을 사람들은 물지 않지만 낯선 사람이 나타나면 사납기가 맹수와 같았다. 특히 밤에는 이 개들을 풀어 놓아 마을로 숨어들어오는 비적과 외부인의 접근을 경계하였다. 어느 해 가을, 수월水月스님은 사람들의 밤길을 걷게 되었다. 수월의 발길이 어느 마을 어귀에 들어선 순간 마을을 지키고 있던 만주 개, 한 마리가 사납게 울부짖더니 동네 개들이 모두 짖기 시작하였는데 그 소리가 만주 벌판을 울렸다. 주민들이 비적 떼의 출몰로 알고 개를 풀어 놓았다. 그러자 수십 마리의 개가 수월스님이 들어서던 마을 어귀로 몰려나왔다. 그런데 얼마 지나지 않아 개소리가 뚝 끊겼다. 이상히 여긴 마을 주민들이 나가보니 믿을 수 없는 광경을 벌어졌다.

낡은 한복을 입은 초라한 노인이 달빛을 받으며 서 있는데, 그 앞에는 마을 개들이 모두 무릎을 꿇고 꼬리를 살랑거리면서 얌전하게 앉아 있었던 것이다.

– 제2화 –

항상 누더기 옷으로 말이 적은 수월선사는 늘 손에서 일을 놓지 않았다. 천장암에 있을 때, 객의 짚신을 밤새 만들어 새 짚신을 신겨서 보냈다. 만주에 가서도 여전히 낮이면 밭을 갈고 밤에는 짚신을 삼았다. 또한 산 고개나 길목에 주먹밥과 짚신을 준비해 두고서 아무나 먹고 신도록 하였다.

수월선사의 신통神通에 얽힌 일화가 여러 모양으로 전해온다. 그 내용은 주로 천안통天眼通이 열려서 사람이 찾아올 것을 미리 알거나, 도반道伴을 벌罰주던 신장神將들을 달래는 이야기나, 법력法力으로 난치병難治病을 간단하게 치료하는 이야기가 주를 이룬다.

수월선사는 자신을 드러낸 적이 없지만, 만주 일대에 수월의 이름과 보살행이 널리 알려졌다고 한다. 왜놈을 피하거나 독립운동 등으로 만주지역에서 활동하다가 남쪽의 고향으로 돌아간 이와 묘향산 위쪽에서 수행하던 수좌들의 입에서 입으로, 수월의 묘행妙行을 전해왔다. 수월선사의 삼매三昧와 신통神通과 끊임없는 수행修行은 선가禪家의 묵묵수행默默修行의 모범模範이 되었다.

선문답禪問答

– 제1화 –

오대산 상원사에 머물던 수월스님이 북쪽으로 떠나기 전에 마지막으로 천장암에 들렀다. 사제師弟인 만공滿空과 마주 앉아 저녁공양을 하다가, 수월이 숭늉그릇을 들어 보이며 말하였다.

"만공滿空! 이 숭늉그릇을 숭늉그릇이라 하지도 말고, 숭늉그릇이 아니라 하지도 말고, 한마디로 일러 보게."

그러자 만공滿空스님은 수월水月스님이 들고 있던 숭늉그릇을 받아서 문밖으로 던져 버렸다. 수월스님은 고개를 끄덕였다.

"잘 했어. 정말 잘 했어!"

– 제2화 –

수월화상이 당시 국내 최대사찰인 묘향산 보현사 조실로 있을 때였다. 묘향산 금선대에서 홀로 솔잎으로 연명하며 정진에 정진을 거듭하던 20대의 젊은 철우수좌가 견성見性한 것을 알아보았다. 마침내 철우鐵牛(1895~1979)를 인가하고 이른다.

"이제 남쪽으로 내려가 납자衲子를 제접하라."

철우가 걸망을 지고 일주문을 나설 때, 수월스님은 일주문 옆에서 호미로 감자밭을 메고 있었다. 철우가 수월에게 물었다.

"남쪽에서 어떻게 중생을 교화할까요?"

그러자, 수월스님이 호미를 들고 두 팔을 벌린 채, 몸을 휙 돌려 춤을 추면서,

"이렇게 이렇게 하라."

고 했다. 그러자 철우가 걸망을 진채로 같이 춤을 덩실덩실 추면서, "이렇게 이렇게 하겠습니다."라고 화답했다.

그러자 수월水月이 철우鐵牛를 보고 일렀다.

"다시는 의심하지 말라."

법문法問

수월스님이 중국 북간도에 있던 화엄사에 주석하던 만년에, 어떤 독립군단원이 부상을 입어서 치료차 화엄사에서

며칠 머물 적에 들려 준 법문이라 한다.

"도를 닦는다는 것이 무엇인고 하니, 마음을 모으는 걸세! 이리 모으나 저리 모으나 어떻게 해서든지 마음만 모으면 되는 걸세! 어쨌든 마음만 모으면 되네! 공부가 별다른 데 있는 게 아닐세.

나는 천수대비주로 통했네. 마음을 모으면 공부가 지어지는 것일세! 아무리 생각을 안 하려 해도 옴마니반메훔이 우뚝하게 되면 차츰 밝아지는 것일세! 이 공부는 죽고 난 뒤에도 그만두지 않겠다는 생각으로 힘을 다해야 된다네!

요즘 사람들은 쓰잘데기 없는 몸과 마음에 끄달려! 대개 염불念佛을 열심히 해야 할 사람이 딴 공부를 하니 공부가 잘 안 되는 걸세. 무슨 공부방법이든지 일념一念으로 해야 돼. 일념一念을 이뤄야 공부가 되어 가는 걸세."

8. 혜월혜명慧月慧明 1862~1936

약적略跡

1861년, 충청도 예산禮山에서 출생, 속성俗姓은 신申이다.

1872년 12세, 덕숭산 정혜사定慧寺의 안수좌安首座에게 출가. 사찰의 잡일을 하였다.

1879년 19세, 어느 날, 의심이 돈발頓發하여 뒷방에 들어가 문을 걸어 잠그고 삼매三昧에 들었다. 그렇게 하루 밤낮을 앉아 있다가, 홀연히 문을 열고 나와서, 스승인 안수좌에게 자기의 느낀바 경계를 말하였으나, 안수좌가 말했다.

> "도무지 무슨 소린지 알 수 없구나. 개심사開心寺 경허鏡虛 큰스님에게 가서 여쭈어 보거라."

혜월慧月은 그 길로 개심사를 찾아갔다. 경허스님의 방문 앞에 이르자, 다짜고짜로 말한다.

> "관음보살이 북으로 향한 뜻이 무엇입니까?"

경허스님이 방문도 아니 열고 말한다.

"그것 말고, 또?"

문 밖에서 아무런 대답이 없자, 경허스님이 방문을 열고 내다보니, 마당에 혜월스님이 아무 말 없이, 주먹 하나를 높이 들고 서 있었다. 그제야 경허鏡虛스님이 부드럽게 말한다.

"들어와서 앉아라."

1880년 20세, 혜월은 은사인 안수좌安首座가 환속을 하자, 경허선사를 모시고 본격적으로 공부를 하게 된다. 어느 날 천장암에서 경허스님이 임제선사臨濟禪師의 법문을 설법하는데,

사대는 법을 설하거나 법을 들을 줄도 알지 못하며,
허공도 법을 설하거나 법을 들을 줄 알지 못하되,
다못 눈앞에 역역歷歷히 홀로 밝아서, 형단形段이 없는
놈이라야 비로소 법을 설하거나 법을 들을 줄도 안다.

四大는 不解說法聽法하고
虛空도 不解하나니 說法과 聽法을
只於目前에 歷歷孤明인 勿形段者가
始解說法聽法하니라

는 구절에 이르렀다. 혜월慧月은 이 법문을 듣고 문득 의심이 생겼고, 항상 '歷歷孤明역역고명 勿形段者물형단자(두렷하게 홀로 밝아서 형단形段이 없는 놈)'를 잊지 않았다.

1884세 24세, 경허스님의 수심결修心訣 강의를 듣고 "但知不會단지불회하면 是卽見性시즉견성이라. 즉, 다만 회會하지 않는 줄 알면, 이것이 곧 견성見性이다."에서 그 뜻을 깨달았으나, 그전부터 잊지 않고 있던 임제의 "歷歷孤明 勿形段者"에 대한 의심을 온전히 해결하지 못하였다.

하루는 짚신을 삼다가 마지막에 신발의 코를 고르느라고 짚신골을 두드리다가 '톡' 하는 소리에 그동안 갑갑하던 "歷歷孤明 勿形段者"를 해결한다. 혜월에게 변화가 일어난 것을 알아 본 경허스님이 묻는다.

"자! 목전目前의 [歷歷孤明 勿形段者]가 무엇인지 일러 보아라."

"저만 알지 못할 뿐 아니라, 모든 성인聖人도 이것을 알지 못합니다."

"그렇다면, 무엇이 혜명慧命인가?"

혜월이 일어서서, 방안을 이 끝에서 저 끝으로 왔다갔다 한다.

"그래. 옳다."

경허스님이 수긍하였다. 그리하여 혜월수좌는 경허선사의 인가印可를 받고, 스승으로부터 "제자 가운데서 지혜智慧는 혜월慧月이 가장 높다."는 평을 들었다. 경허선사가 전법게傳法偈를 전한다.

일체의 법을 알아 마치면,
자성自性에 정념情念이 없나니.
이와 같이 법성法性을 알면,
곧 노사나불盧舍那佛을 보니라.

了知一切法 요지일체법
自性無所有 자성무소유
如是解法性 여시해법성
卽見盧舍那 즉견노사나

혜월선사慧月禪師는 오도悟道 후, 호서지방湖西地方에서 보림保任 하였다.

1928년, 만공滿空과 함께 함경도 갑산甲山에 가서 입적한 스승, 경허선사의 시신을 다비하고 돌아온 후로 남방으로 내려와서 법을 폈다. 도리사桃李寺, 파계사把溪寺, 성전암聖殿庵, 울산 미타암彌陀庵, 통도사通度寺 극락암極樂庵, 천성산千聖山 내원사內院寺에서 조실祖室로 주석하면서 탁월한 선지禪旨로 후학을 지도하여 선풍禪風을 드날렸다.

"신혜월 미투리방망이에 남방선지식이 다 빙소와해氷消瓦解되었다."

혜월선사慧月禪師의 명철明徹한 선지禪旨에 감화感化 입은 제방선객諸方禪客들의 말이다. 선지禪旨가 높은 혜월慧月의 일상은 소박素朴하고 부지런하였다. 사찰의 자급자족自給自足을 위하여 항상 논밭을 새로 일구는 일을 하였다. 공부하러 찾아온 납자衲子들을 전답개간田畓開墾에 참여하게 하였다. 혜월선사慧月禪師가 개간한 논밭이 많았다.

만년晩年에 제방諸方에서 무심도인無心道人의 표상表象으로 존숭尊崇하였다. 부산 백양산白羊山 선암사仙巖寺에 조실祖室로 있었는데, 혜월慧月의 문하에는 항상 구도객求道客이 끊이지 않았다. 남방南方에서 오랫동안 주석하면서 올곧은 참선수행參禪修行의 기풍氣風을 심었다.

뒷날의 운봉雲峯, 운암雲巖, 설봉雪峰, 경봉鏡峰, 철우鐵牛, 동광東侊, 백봉白峰, 향곡香谷, 지유至維 등의 선지식善知識이 혜월이 씨 뿌린 증표라 하겠다.

혜월선사는 부산 선암사仙巖寺에서 1936년 세수 77세로 입적하였다. 혜월의 열반상涅槃相은 독특하다. 평소에 늘 부지런한 혜월선사慧月禪師는, 만년에도 백양산白羊山 솔밭의 솔방울을 주워 자루에 담아서 메고는 선암사仙巖寺 부엌에 쌓아두는 것이 일과였다.

하루는 날이 저물도록 노스님이 돌아오지 않았다. 신도 한 사람이 선암사로 올라가던 중에 보니, 혜월선사가 바위에 앉아 솔방울 자루를 등에 붙인 채로 쉬다가 막 일어나려고 하는 것을 보게 되었다. 그 신도가 인사를 올리고, "노스님, 올라가시지요." 하면서 가까이 다가가서 보니, 혜월은 전혀 움직이는 기척이 없었다. 가까이 다가가서 살펴보니 이미 입적入寂하셨던 것이다.

◎ [혜월선사의 입적入寂 모습이 서천 17조 승가란제존자와 흡사하다. 승가란제존자는 과거칠불 이전에 바라왕불이었으며, 중국에 삼조 승찬僧璨으로 신심명信心銘을 남겼다가, 조주종심趙州從諗으로 모습을 나투어 120년간에 걸쳐 대법大法을 보였다.]

일화逸話

- 제1화 -

덕숭산德崇山 정혜사定慧寺의 일이다. (1898년경) 한 밤중에 도둑이 들었다. 도둑은 쌀가마를 훔쳐내 지게에 지고 있었다. 쌀가마가 너무 무거웠든지 도둑은 제대로 일어서지 못하고 끙끙댄다. 그때 누군가 지게를 살짝 밀어서 쌀가마를 얹어 주는 것이 아닌가. 도둑이 깜짝 놀라 돌아보자, 어떤 스님이 손을 입으로 가져간다. 혜월慧月스님이다.

> "쉿! 들킬라. 조용히 하게! 자. 넘어지지 않게 조심조심 내려가게. 그리고 양식이 떨어지면, 또 오게나!"

도둑의 쌀 지게를 받쳐주면서, 쌀 떨어지면 또 오라는 당부까지 잊지 않았다.

– 제2화 –

1924년 선암사仙巖寺에서, 보조지눌普照知訥의 수심결修心訣을 가르치다가, 「단지불회但知不會하면 시즉견성是卽見性이라」는 구절에 이르자, 혜월선사慧月禪師가 말했다. "이것, 꼭 바로 새기면, 견성見性이여!" 입승立繩 근우수좌根雨首座[東侊慧頭]가 답한다. "그까짓 걸, 누가 못 새겨요." 혜월선사慧月禪師가 "한번 새겨보거라." 하거늘, 근우수좌根雨首座가 "새기면 어찌 하시겠습니까?" 하니, 혜월선사慧月禪師가 "만약 바르게 새기면 내가 인가認可하지." 한다. 근우수좌根雨首座가 해석한다.

> "다못 알지 못할 줄 알면, 이것이 끝 견성見性이다."

혜월선사慧月禪師가 "아! 요것 보게나." 하더니, 이번에는 임제선사臨濟禪師의 법문에서 자신이 화두話頭로 삼았던 구절을 내보이며 근우수좌根雨首座에게 새겨보라고 한다.

근우수좌根雨首座가 새긴다.

사대四大는 법法을 설說하거나 법을 들을 줄도 알지 못하며,
허공虛空도 법을 설하거나 법을 들을 줄 알지 못하되,
다못 눈앞에 역역歷歷히 외로이 밝아서 형단形段이 없는 놈이라야
비로소 법을 설하거나 법을 들을 줄도 안다.
(形段이 없는 놈이란, 眞如當體를 가리킨다.)

四大不解說法聽法　사대불해설법청법
虛空不解說法聽法　허공불해설법청법
只於目前歷歷孤明勿形段者　지어목전역역고명물형단자
始解說法聽法　시해설법청법

혜월선사慧月禪師가 고개를 크게 끄덕였다. 뒷날 어떤 선객禪客이 혜월선사에게 물었다.

"스님의 제자 중에 누가 제일입니까?

혜월선사慧月禪師가 답하였다.

"화담華潭이 제일이지."

화담華潭이 곧 근우요, 동광혜두東侊慧頭이다. 화담華潭은 오성월吳惺月스님이 지어준 동광東侊의 법명法名이다. 화담은 1920년 21세에 견성見性하여, 용성선사龍城禪師가 대각교大覺敎 이세二世로 지명指命 했으나 사양하고 만행萬行을 떠났다. 북송北宋의 황룡혜남선사黃龍慧南禪師가 원기선사圓機禪師에게 법法을 전했으나, 원기圓機가 사양하고 은거隱居한 것에 비유된다.

- 제3화 -

백양산白羊山 선암사仙巖寺에 통영 용화사龍華寺 도솔암兜率庵의 선객禪客들이 왔다. 혜월선사慧月禪師를 조실祖室로 모시러 온 것이다. 그런데 혜월선사慧月禪師는 자신을 조실祖室로 모시고자 요청하는 서찰書札을 한 젊은 수좌首座 앞에다 밀어 놓았다. 그리고는 도솔암의 선객禪客들을 보고 젊은 수좌에게 "삼배三拜를 올려라."고 하였다. 도솔암 선승禪僧들이 보니, 새파란 젊은 중이었다.

그는 묘향산妙香山 보현사普賢寺에서 수월선사水月禪師로부터 인가印可를 받고 남쪽으로 내려왔다가, 바로 혜월선사의 인가印可를 받아 법제자가 된 철우선사鐵牛禪師였다. 그

때(1921) 철우鐵牛는 불과 27세였다.

– 제4화 –

통도사通度寺 내원암內院庵의 소 이야기다. 소를 부려서 개간을 계속하던 혜월선사의 내원암 회상에 박고봉朴古峰이 찾아와 살고 있었다. 고봉古峰은 소 때문에 개간작업이 계속되어 수좌들이 힘들다고 하니 소를 없애버리기로 작정했다. 하루는 혜월선사가 출타하자, 몇몇과 작당하여, 절에 있던 소를 장에 내다 팔아 치웠다. 그 돈으로 곡차穀茶를 실컷 마시고 개간으로 지친 피로한 몸을 풀고, 남은 돈으로 맛난 반찬거리를 장만해 대중공양까지 해 마쳤다.

혜월선사가 절에 돌아와 보니 외양간에 소가 없어지고, 스님들은 저녁예불도 안 하고 모두 술에 떨어져 자고 있었다. 혜월선사가 대중을 다 깨웠다. "누가 소를 가져갔느냐?"

혜월선사는 고봉의 소행인 줄 알고도 모른 체하며 고함을 쳤다. "누가 내 소를 가져갔느냐?" 고봉수좌가 벌떡 일어나더니, 옷을 홀랑 벗고, 혜월선사의 방으로 들어가서는, 소처럼 엎드려서 네 발로 기면서 "음매! 음매!" 하고 소 흉내를 냈다.

그러자 혜월선사는 고봉의 볼기짝을 한 대 후려치고는 말했다. “내 소는 어미 소지, 이런 송아지가 아니다.” 하고는 밖으로 내쳤다.

고봉古峰(1890~1961)은 만공스님의 수제자요, 숭산崇山의 스승이다. 만공滿空의 인가를 득하였으나, 만공의 공부가 미덥지 못하다고 하여, 혜월慧月에게 와서 공부하고 뒤에 대법大法을 떨쳤다.

– 제5화 –

어떤 스님이 혜월선사를 찾아왔다. 선사가 물었다.

“자네 어디서 왔나?”

“전라도에서 왔습니다.”

“이곳에 무엇 하러 왔는가?”

“참선공부參禪工夫하러 왔습니다.”

“참선해서 뭣 하려고?”

“부처가 되려고 합니다.”

“참선은 앉아서 하는가, 서서 하는가?”

“앉아서 합니다.”

이에 혜월선사가 말하였다.

"그놈의 부처는 다리병신인 모양이지, 앉아만 있게!"

– 제6화 –

선암사仙巖寺에 혜월과 대중이 개간하여 만든 논이 서 마지기가 있었다. 마을사람이 값을 속여서 혜월화상이 헐값에 그 논을 팔았다. 서 마지기를 두 마지기 값에 판 것이다. 그러자 제자들이 속았다고 하였다.

"스님, 그 돈은 논 두 마지기 값밖에 안 됩니다."
"두 마지기 값을 받고도, 논 서 마지기는 그대로 있지 않느냐! 장사는 이렇게 하는 걸세."

혜월화상은 논 서 마지기를 판돈으로, 논을 산 마을사람을 고용하여 밭 두마지기를 개간하였다.

– 제7화 –

혜월선사 74세, 1932년, 백양산 선암사에 조실로 다시 왔다. 4년 뒤, 1936년 선암사 뒷산에서 솔방울 자루를 등에 붙인 채, 바위에서 일어서려고 한 자세로! 대적大寂에 들었다.

❁ 선문답禪問答

– 제1화 –

용성화상龍城和尙이 정혜사定慧寺로 혜월화상을 찾아왔다. 혜월화상이 묻는다.

"어디서 오시오?"

"천장암天藏庵에서 왔습니다."

혜월이 앞에 놓인 목침木枕을 들고 묻는다.

"이것이 무엇인가?"

"목침木枕이요."

혜월慧月이 목침을 옆으로 옮기고는, 다시 묻는다.

"이럴 때에는 무엇이라 하겠는가?"

"이것은 제불諸佛이 광명光明을 밝히는 것이요."

– 제2화 –

혜월선사에게 금봉錦峰(1890~1959)이 물었다.

"견성見性한 사람도 나고 죽음이 있습니까?"

혜월스님이 말하였다.

"저 허공虛空을 보아라! 생生하고 멸滅함이 있더냐."

(뒷사람이 금봉錦峰의 견처를 의심하였다.)

– 제3화 –

운봉雲峰스님이 혜월선사에게 묻는다.

"삼세三世의 모든 부처님과 역대의 조사祖師들이 어디에서 안심입명安心立命합니까?"

혜월慧月이 양구良久를 하니, 운봉雲峰이 다시 이른다.

"산 용龍이 어찌하여 죽은 물에 잠겨 있습니까?"

혜월선사慧月禪師가 운봉雲峰에게 묻는다.

"그럼 너는 어찌겠느냐?"

운봉雲峰이 불자拂子를 들어 보이니, 혜월선사慧月禪師가 즉시 "아니다." 하니, 운봉雲峰이 말한다.

"스님! 기러기가 창문 앞을 날아간지 이미 오랩니다."

혜월선사가 크게 웃으면서 긍정하였다.

"내가 너를 속일 수가 없구나."

– 제4화 – 안수정등岸樹井藤

도봉산道峯山 망월사望月寺에 주석하던 백용성白龍城스님이 안수정등화岸樹井藤話를 전국의 선사禪師들에게 물었다.

"등나무 넝쿨에 매달려 꿀방울을 먹던 그 사람이, 어떻게 하면 살아나겠는가?"

혜월慧月스님이 답하였다.

"알래야 알 수 없고, 모를래야 모를 수 없나니, 염득불명念得不明이니라." (念得不明이란 動念卽乖의 뜻이다.)

만공滿空스님이 답하였다.

"어젯밤 꿈이니라."[昨夜夢中事니라.]

고봉古峰스님이 답하였다.

"아야! 아야!"

전강田岡스님이 답하였다.

"달다!"

용성龍城스님이 자답自答하였다.

"박넝쿨이 울타리를 뚫고 나가, 삼밭에 누웠도다."

[匏子穿籬出하여 臥在麻田上이로다]

9. 용성진종 龍城震鐘 1864~1940

약적略跡

1864년, 용성선사龍城禪師는 전라도 남원에서 출생, 법명法名은 진종震鍾, 법호法號는 용성龍城이다.

1887년 14세, 꿈속에서 부처님을 만났다. 꿈에 뒷산 교룡산성蛟龍山城 덕밀암德密庵의 부처님이 손을 잡으면서 "너에게 정법안장正法眼藏을 부촉하니, 너는 부디 명심하여 저버리지 마라."고 하였다.

1879년 16세, 해인사海印寺 극락암極樂庵의 화월화상華月和尙에게 출가. 해인사에서 기초교리基礎敎理를 배우던 용성스님은 출가한지 몇 개월도 채 지나지 않아, 선지식善知識을 찾아 해인사海印寺를 떠난다.

1880년 17세, 등운산登雲山의 고운사孤雲寺로 수월영민선사水月永旻禪師(?1790~1871)를 찾아가 만났다. 용성스님이 수월선사水月禪師를 만나자마자 대뜸 물었다.

"생사生死의 일이 중대하고 무상無常이 신속迅速하나니, 어떻게 하여야 견성見性할 수 있습니까?" (壇經의 永嘉玄覺의 질문과 같다.)

수월영민水月永旻 선사는 다음과 같이 답하였다.

"부처님 가신 지가 오래되어, 마군魔群은 강하고 불법佛法은 약하며, 숙세에 지은 업장業障은 무겁고, 선善은 약해서 업장을 물리치기가 어렵다. 삼보께 성심으로 예배하고, 부지런히 대비신주를 지송하면, 자연히 업장이 소멸되고, 마음 광명이 가득히 비치게 될 것이다."

[去聖時遙에 魔强法弱하며 宿業障重하야 善弱難排니 誠禮三寶하며 勤誦大悲神呪하면 自然히 業障消滅하고 心光이 透漏하리라. - 용성법어龍城法語 중에서 -]

이때부터 용성스님은 조석예불을 빠트리지 않았고, 천수경의 '신묘장구대다라니'를 밤낮으로 외웠다.

용성이 말하기를 "배운 것은 다만 천수千手와 육자주六字呪뿐이라, 9달 동안, 남북으로 다니면서 부지런히 지송했다."라 하였다. 대비신주大悲神呪를 외우면서 경기도 양주의 보광사普光寺 도솔암兜率庵에 이르렀다.

1881년 18세, 그 즈음에 하나의 의심疑心이 일었다. "삼라만상은 모두 근원根源이 있는데, 사람의 근원은 무엇인가? 또 나의 각지覺知의 근원이 어디에 있으며, 또 이 생각은 어디에서 일어나는가?" 도솔암兜率庵에 와서 의심이 돈발頓發하더니 6일 동안 그 의심으로 식음食飮을 전폐하다시피 지내다가,

"홀연히 한 생각이 통 밑으로 빠져나간 듯하니, 말로는 표현할 수 없고 마음으로 헤아릴 길이 없었다."

[忽然 一念子如桶低脫相似하니 不可口議心思也로다]

하고는 송頌하기를,

오음五陰 산중에서 소를 찾는 나그네가,
빈 방에 혼자 앉으니 일륜一輪이 외롭구나.
방원方圓과 장단長短을 누가 말하는가.
한 덩어리 불길이 삼천대천의 세계를 태우네.

五陰山中尋牛客　오음산중심우객
獨坐虛堂一輪孤　독좌허당일륜고
方圓長短誰是道　방원장단수시도
一團火焰燒大千　일단화염소대천

1886년 23세, 용성스님이 금강산 표훈사의 무융선사無融禪師를 친견하고, 그동안 경험한 공부의 경계를 말하니, 무융선사無融禪師가 묻는다.

"한 생각 통밑으로 빠져나간 줄 아는 놈이 무엇인고?"

용성이 답을 못하니, 무융선사가 "조주趙州의 무자화두無字話頭를 참구하여라." 한다. 그때부터 무자화두無字話頭를 붙들고 정진을 계속하였다.

30세인 1893년, 3월. 표훈사에서 7년 참구하다가, 다시 보광사普光寺 도솔암兜率庵으로 돌아왔다. 이윽고 무자공안無字公案에 대한 의심이 풀려서 두 번째의 깨달음을 얻게 되었다.

구름을 걷고 안개를 쥐며 문수를 찾다가,
비로소 문수가 확연히 공空인 줄 알았다.
색색色色과 공공空空도 또 공空이니,
공공空空과 색색色色이 끝없이 겹치네.

排雲攫霧尋文殊　배운확무심문수
始到文殊廓然空　시도문수확연공
色色空空還復空　색색공공환부공
空空色色重無盡　공공색색중무진

그 후 지리산 금강대에서 겨울을 나고, 하안거를 조계산 송광사松廣寺 삼일암三日庵에서 지내던 용성스님이 전등록傳燈錄을 읽다가, 금륜가관선사金輪可觀禪師의 법어法語에서 '월사만궁月似彎弓 소우다풍小雨多風'이라는 구절을 보고, 홀연히 무자화두無字話頭와 일면불월면불日面佛月面佛 화두話

頭의 의지意旨가 명백하여 졌다. 이것이 세 번째의 깨달음이다.

1895년 9월 32세, 용성스님이 아도화상阿道和尙이 최초로 법음法音을 전하던 선산善山의 도리사를 순례하던 중, 낙동강을 지나다가 대오大悟하여 읊는다. 네 번째 깨달음이다.

금오산金烏山에 천추千秋의 달이요,
낙동강洛東江에 만리萬里의 파도로다.
고깃배는 어디로 갔는가?
옛과 같이 갈대꽃에서 자는구나.

金烏千秋月 금오천추월
洛東萬里波 낙동만리파
漁舟何處去 어주하처거
依舊宿蘆花 의구숙노화

용성스님은 참선參禪을 하면서도 간경看經을 겸했다. 용성은 참선 여가에 부처님의 일대시교一代時敎와 조사祖師의 어록을 추초抽草했다. 참선參禪, 간경看經, 염불念佛, 주력呪力을 겸수한 용성선사는 제방의 선지식과 교유交遊하고 명찰名刹을 두루 순방하면서 선지禪旨를 드날렸다.

1907년 44세, 중국의 법려法侶를 찾기도 하였다. 그 후에 칠불사七佛寺, 망월사望月寺 등에서 조실祖室로서 수많은 납자衲子들을 지도 편달하였다.

서울에서 최초로 전법傳法에 힘써서 참선參禪이라는 유행어를 만들어 내었다. 용성선사는 성당과 예배당이 도심에 들어서는 현실을 목격하고, 산중불교가 변화를 해야 한다고 판단하였다. 서울에 사찰寺刹과 선원禪院을 세워 법회法會를 열었다. 스님은 전통불교를 적극적으로 지켰다.

1911년 48세, 서울 종로구 봉익동奉翊洞에 대각사大覺寺를 건립하였다.

1913년 50세, 선지식善知識과 힘을 합하여 안국동에 선학원禪學院을 세웠다.

1919년 56세, 삼일운동 때, 한용운스님의 권유로 독립선언문에 서명 하였다.

1921년 58세, 용성선사는 옥중에서 불경의 한글번역의 필요성을 생각하였다. 출옥 후, 삼장역회三藏譯會를 세우고 역경사업譯經事業을 시작하였다.

능엄경楞嚴經, 원각경圓覺經, 금강경金剛經, 기신론起信論, 화엄경華嚴經 등 30 여종 경전經典의 한글 번역서가 있다. 수심정로修心正路, 대각원류大覺原流. 교리대전敎理大典 등의 불교해설서를 저술하였다.

1922년 59세, 만주 강도성에 대각교大覺敎를 세웠다.

1924년 61세, 불교잡지 불일佛日 창간하였다.

1924년 4월 28일 대각사大覺寺에서 경전經典을 해석하던 중, 왼쪽 치아가 아프더니 자색紫色이 감도는 녹두알만한 치사리齒舍利가 솟아나니 곧 방구석에 던지고 역경譯經을 계속하였다.

그날 밤에 스님 방에서 광명이 비치는 것을 본 시자가 문을 열고 들어가 보니, 치사리齒舍利가 방광을 하는 것이었다. 용성스님의 치사리齒舍利는 그 후에도 네 번이나 방광放光을 하였다. 제자들이 치사리탑을 세워 모셨다.

1928년 65세, 불교잡지 무아無我를 간행.

1927년 67세, 함양咸陽에 화과원華果院을 만들어, 포교자금을 조성하면서 참선參禪을 하는 선농일치禪農一致의 모범을 보이다.

1940년 77세, 음력 2월 23일 목욕재계 하고, 이튿날인 24일 새벽에 "내가 오늘 열반에 들고자 하니 너희들은 슬퍼하거나 효를 행하려 하지 말고, 오직 - 무상대열반無上大涅槃 원명상적조圓明常寂照 -를 외우라."고 하셨다. 동헌스님이 "스님, 어느 곳으로 향하여 가시렵니까?" 하고 묻자, 담담히 임종게臨終偈를 남겼다.

제행諸行의 무상無常함이여
만법萬法이 적적寂寂하도다.
박꽃이 울타리를 뚫고 나가,
삼밭에 한가롭게 누웠도다.

諸行之無常　제행지무상
萬法之俱寂　만법지구적
匏花穿籬出　포화천리출
閑臥麻田上　한와마전상

"시자와 대중들아! 그 동안 수고가 많았다. 나는 가노라."

하고 입적入寂하였다. 세수는 77세요, 법랍法臘은 61이다.

일화逸話

– 제1화 –

용성선사가 중국에 갔을 적에, 어떤 중국수좌가 찾아와서 물었다.

"동국의 불법이 어떠한지 한 말씀 일러 보시오"

용성스님이 대답하였다.

"불법은 크게 있으나 지금은 치통齒痛이 심하오."

하니, 중국수좌가 이른다.

"치통齒痛인지 심통心痛인지 분명하게 이르시오."

용성선사가 일할一喝을 하였다. 중국수좌가 말한다.

"그러지 말고, 조용히 말로 이르시오."

용성스님이 그 수좌를 좌구坐具로 내려쳤다. 중국의 수좌는 알아듣지 못하고 달아나 버렸다.

– 제2화 –

용성선사가 중국 통주通州 화엄사에 갔을 때, 만난 어느 고승高僧과의 대화이다. 이 고승은 조선불교를 폄하하는 태도로 비아냥거렸다. 이때 범종梵鐘소리가 장엄하게 울리기 시작했다. 말대꾸도 않던 용성스님이 고개를 들고 빙그레 웃으며 한마디 질문을 던졌다.

"지금 울리는 저 범종소리는 대사의 것입니까, 아니면 소승의 것입니까?"

전혀 듣지 못했다는 듯 시치미를 떼다가, 다시 종소리가 나자 중국고승이 말한다.

"내 것, 그대의 것이 있을 수 있소? 모두의 것이 아니오."

"그러면 하늘의 일월日月은 어느 나라 것이요?"

"아, 그거야 이 세상 모두의 것이 아니겠소?"

"대사! 하늘의 해와 달이, 중국에 있을 때는 더 커지고, 조선에 가면 더 작아지겠습니까?"

"그럴 리가 있겠소?"

"대사! 그러하오, 부처님법도 해와 달과 같아서 천하만민이 다 배워 가지는 것, 중국에서 커지고 조선에는 작아지는 게 아니거늘, 어찌 중국불교가 크다고 하시오."

중국의 고승高僧은 말을 더듬으며 용성스님에게 사과하였다.

"내가 실언을 했소이다. 용서하시지요."

- 제3화 - 염불念佛

용성스님이 염주念珠를 손에 든 적은 없지만, 염불念佛은 간혹 하였다. 문인들에게 말한다.

"참선하는 수좌首座라도 어려울 때는 관세음보살을 염念하도록 하라."

곧 용명龍溟스님이 곧 대꾸했다.

"노스님, 스님이 삼매三昧 중에 계시면 일체 재난이 침입하지 못할게 아닙니까. 염불念佛한다는 것은 밖으로 구하는 것이 아닌가요?"

용성스님은 대답하셨다.

"아, 너희들이 아직 모르는구나. 관세음을 부르는 놈과 삼매에 든 놈이 둘이 아닐세, 둘이 아니지만 힘은 두 가지가 나타나느니라."

용명龍溟스님이 대꾸했다.

"둘이 아니고 하나라면 뭐 부를 필요가 있습니까. 화두나 할 것이지요."

스님이 웃으시면서 말씀하셨다.

"지금 너희들은 아직 이해를 못한다. 관세음보살을 많이 부르면 이해할 때가 있어. 경經에 관음묘지력觀音妙智力이 능구세간고能救世間苦라 하였느니라."

선지식善知識으로서 염불念佛과 화두話頭가 둘이 아니라고 하는 이는 용성스님뿐이었다.

– 제4화 – 주력呪力

망월사에서 천일기도할 때였다. 아침에 참선하고 나서, 공양할 때에 발우를 펴고 천수 물을 돌리고 나면, 대중이 일제히 천수다라니를 세 차례씩 외웠다. 동참한 수좌들의 반대가 있었다. 스님이 이른다.

"다 이치가 있어서 하는 일이다. 그래야 성중이 가호하고, 도량이 장엄되며, 불사에 장애가 없느니라."

함양咸陽의 화과원華果院에서 말하였다.

"근기가 약한 사람은 천수다라니를 지송持誦하면 퇴전退轉하지 않는 도리가 있느니라."

선문답禪問答

– 제1화 –

용성선사가 전라도 김제 용안대龍眼臺의 도식선사道植禪師를 참방했다. 도식선사가 물었다.

"임제臨濟 늙은이를 보았는가?"

용성이 크게 일할一喝했다.

그러자 도식선사道植禪師가 일방一棒을 내리치고, 박장대소拍掌大笑하였다.

- 제2화 -

1901년 봄 해인사에서, 용성선사가 김제산金霽山스님에게 말하였다.

"이것을 목침木枕이라고 하면 집착執着하는 것이요, 목침이 아니라고 하면 배반背反하는 것이니, 이 도리를 일러 보시오."

제산스님이 목침을 던지니, 용성이 다시 물었다.

"산하대지山下大地를 산하대지라고 하면 집착執着하는 것이고, 산하대지가 아니라고 하면 배반背反하는 것이니, 어떻게 하시겠소?"

제산霽山스님이 대답이 없었다.

- 제3화 -

1902년 구례 화엄사에서, 용성선사가 만공선사를 만났다. 용성이 만공 보다 7세 위이다.

용성이 이른다.

"먼 길에 노독路毒이 어떠하며, 시자는 몇 명이신가?"

만공이 답한다.

"나는 시자侍者도 없고, 또한 노독路毒도 없소."

용성이 말한다.

"너무 외로운 삶이구려."

만공滿空이 묻는다.

"어떻게 지내시오?"

용성이 답한다.

"곤困하면 잠자고, 별다른 묘책이 없으니, 때가 오면 바람이 등왕각藤王閣으로 보낼 것일세!"

– 제4화 –

용성선사가 만공선사에게 이른다.

"어묵동정語默動靜을 여의고 한마디 이르시게."

만공滿空이 대답이 없자, 용성龍城이 말한다.

"양구良久를 하시는가?"

만공滿空이 답한다.

"아니오."

뒤에 전강田岡스님이 이 법거래法去來를 두고 말한다.

"두 큰스님께서는 서로 멱살을 쥐고, 흙탕물에 들어간 격이다."

– 제5화 –

1903년 지리산 상비로암에서, 금봉錦峰(1890~1959)스님이 용성선사에게 묻는다.

"조주趙州스님이 신발을 머리에 이고 나갔던 뜻이 무엇입니까?"

용성선사가 답한다.

"문 앞의 소나무에, 까마귀가 날아가니 까치가 날아오누나."[門前一株松에 烏去鵲來也로다]

- 제6화 -

1904년 철원 보개산寶蓋山 성주암聖住庵에서, 무휴수좌無休首座가 견성見性했다는 말을 듣고서 용성선사가 무휴수좌에게 묻는다.

"조주의 무자無字의 십종十種의 병病에 떨어지지 않고, 한 번 일러보라."

무휴수좌無休首座가 대답을 못했다. 용성선사龍城禪師가 즉시 일할一喝 하고 이른다.

"증상만인增上慢人으로 크게 망녕된 말을 하는 자로구나. 그런 견해를 다시는 짓지 마라!"

增上大妄語人 증상대망어인
不作這般見解 부작저반견해

- 제7화 -

1907년 9월 용성스님이 중국의 명산대찰을 유람하러 중국에 갔을 때, 처음 중방교衆芳橋 관음사觀音寺 조실祖室인 노승老僧과 대면하였다. 노승老僧이 묻는다.

"안심입명安心立命한 곳이 어디냐?"

[如何是安心立命處오?]

용성스님이 답하였다.

"관음원觀音院의 좋은 쌀밥이오."

관음사 조실이 다시 묻는다.

"나는 밥을 묻지 않았다. 안심입명한 곳이 어디냐?"

용성스님이 답하였다.

"좋은 나물이 있느니라."

– 제8화 –

망월사望月寺의 대중이 용성스님에게 청請하였다.

"지금 제방에 월분과도越分過度하는 납자들이 많습니다. 문제를 하나 내 주시면, 제방에 돌려 경책하고자 합니다."

용성스님이 아래 글귀를 전국의 선방禪房에 돌렸다.

"조주의 무자화두, 열 가지 병을 여의고, 한 마디 일러 보라."[離無字十種病 道將一句來]

백양산 혜월선사가 맹성일할猛聲一喝하고 이른다.

"나의 이 일할一喝이 옳으냐, 그르냐?"

덕숭산德崇山 만공滿空禪師스님이 답한다.

"중이 조주스님에게 묻되 개도 불성佛性이 있습니까? 없습니까? 조주스님 이르되, 무無"

[僧問趙州 狗者還有佛性也無也有 州云無]

금정산 성월스님惺月禪師이 답한다.

망월산 고개에 구름이요,
금정산 아래 도적이로다.

望月嶺頭雲 망월령두운
金井山下賊 금정산하적

상왕산象王山 보월스님寶月禪師이 답한다.

"이 무자無字가 몇 가지 병病인가?"

삼각산三角山 용성스님이 자답自答하였다.

"박 넝쿨이 울타리를 뚫고 나가, 삼밭에 누웠도다."

[匏子穿籬出 臥在麻田上]

– 제9화 –

용성선사가 설법을 마치고 법상에서 내려오는데, 한 강

주講主가 묻는다.

"삼세제불三世諸佛의 설법說法과 선사禪師들의 양구良久와 방할棒喝과 어묵동정語默動靜을 여의고 한마디 일러보시오."

용성스님이 즉시 주먹을 세워 들고 말하였다.

"말해보라! 이것이 고불古佛이냐? 고조古祖냐, 용성龍城이냐?"

강주講主가 말이 없자, 용성이 큰소리로 "빨리 대답하라." 하니, 강주講主가 주저하며 생각을 굴리자, 용성龍城이 말했다.

"매우 분명하다. 호리유차毫釐有差하면 천지현격天地懸隔이로다."

뒷날, 동광선사東侊禪師가 따로 말하였다.

"호리무차毫釐無差라도 천지현격天地懸隔이다."

– 제10화 –

용성선사가 서울에서 인도승려인 달마바라達摩波羅를 만난 자리에서 말하였다.

"부처님이 설하신 팔만장경의 가장 중요한 일구一句를 일러보라."

달마바라達摩波羅가 대답하였다.

"부지런하고 근면하여 쉬지 않으면 이루지 못할 일이 없다. 고금의 사업가가 모두 머리를 쉬지 않고 굴려서 큰 사업을 이루었다."

용성선사가 다시 주먹을 세워 들고 물었다.

"이것이 무엇인가?"

달마바라達摩波羅가 생각하다가 대답하기를,

"선사禪師는 손전등을 보았는가? 이리하면 불이 비치고, 저리하면 불이 꺼진다."

용성선사가 웃으면서 그만 두었다.

뒷날, 동광선사東侊禪師가 따로 말하였다.

"내가 일구一句를 일러보겠으니, 어디에서 그것을 받겠는가?"

10. 운봉성수 雲峯性粹 1889~1946

약적略跡

1889년, 경북 안동군 남후면 수점동에서 출생. 태어날 즈음, 흰 광명이 하늘 높이 뻗치어 동리사람들이 경이롭게 여기다.

1901년 13세, 영천永川 은해사銀海寺 일하화상一荷和尙에게 출가하다.

1903년 15세, 사미계沙彌戒를 받다.

1911년 23세, 범어사梵魚寺에서 구족계具足戒를 받다.

1913년 25세, 상주 원적사圓寂寺에서 석교화상石橋和尙에게서 율律을 배우다.

1914년 26세, 사교입선捨敎入禪하여 금강산金剛山, 오대산五臺山, 묘향산妙香山, 지리산智異山 등에서 선지식善知識을 참방하여 수행하며 법을 구하다.

1923년 35세, 겨울. 장성 백암산白巖山 운문암雲門庵에서 발분하여 정진하다. 이때 운봉雲峯은 깊은 삼매三昧에 들어

밤과 낮을 지우고, 자고 먹는 일도 잊었다. 섣달 보름날 삼경三更, 해맑은 달빛을 맞으며 경행하는 중에 대문 밖을 걷다가 홀연히 한 줄기 청정광명淸淨光明의 옛길을 확철廓徹히 관통貫通하였다. 흉중에 걸렸던 의심을 소멸消滅하고 읊었다. 개오송開悟頌이다.

> 문 나서 넘어질세, 홀연 찬 기운이 뼛속에 사무치나니
> 활연豁然하여 흉중에 걸린 물건 소각消却하였네.
> 상풍霜風 노니는 달밤이라, 나그네 떠난 뒤로세
> 높은 누각에서 홀로 산과 물이 공空함을 보노라.

> 出門騫然寒徹骨　출문건연한철골
> 豁然消却胸滯物　활연소각흉체물
> 霜風月夜客散後　상풍월야객산후
> 彩樓獨在空山水　채루독재공산수

1924년, 부산 선암사仙巖寺 혜월선사慧月禪師를 찾아갔다. 혜월노사가 이렇게 저렇게 모지모현某指某顯의 기봉機鋒을 시험한 뒤 허여許與하였다. 그리고 입승立繩을 맡겼다. 어느 날, 운봉이 혜월노사에게 물었다.

> "삼세제불三世諸佛과 역대조사歷代祖師는 어느 곳에서 안심입명安心立命합니까"

혜월노사가 말없이[良久] 있었다. 운봉이 손바닥으로 툭

치며 말하였다.

"산 용龍이 어찌 죽은 물속에 있습니까?"
"그러면 너는 어떻게 하겠느냐?"

운봉이 불자佛子를 들어 보이자, 혜월노사가 말했다.

"옳지 않다."
"스님! 찬 기러기가 창 앞을 지나간 것 모르십니까?"
"내가 너를 속일 수가 없구나."

혜월노사가 기뻐하며 인가하고, 방장실을 운봉에게 맡겼다. 혜월노사가 전법게傳法偈를 주다.

일체의 유위법有爲法이
본래로 진실한 모습이 없느니라.
모습을 보되 모습을 여의면
이름하여 견성見性이니라.
모든 마음의 모습은 본래 모습이 아닌 것
(眞心은) 모습 없고 머무름 없나니
(眞心의) 대용大用이 이와 같으면
이가 바로 견성見性한 사람이니라

一切有爲法　일체유위법
本無眞實相　본무진실상

於相若無相 어상약무상

卽名爲見性 즉명위견성

諸相本非相 제상본비상

無相亦無住 무상역무주

卽用如是理 즉용여시리

此是見性人 차시견성인

1925년, 도봉산 망월사의 용성선사 회상에 가다. 어느 날, 용성노사가 법상에 올라 말하였다.

"삼세제불三世諸佛이 나를 보지 못하고, 역대조사歷代祖師 또한 나를 보지 못하였거늘, 오늘 눈앞의 대중大衆들은 어떻게 나를 보는고?"

운봉雲峯이 앞으로 나가 말하였다.

"유리琉璃 독 속에 몸을 감추었습니다."

이후, 제방의 선객들이 운봉雲峯의 답에 논란을 두었다. 동광혜두東侊慧頭 등이 설판說辦하여 "운봉의 답이 번개와 우레 같고, 구름과 비와 같아 만인을 깨우도다."라 하다. 뒷날 벽치나그네가 말했다. "차도불가은야[此道不可隱也]"

1926년, 만공화상이 있는 덕숭산德崇山으로 갔다. 만공은 운봉의 사숙師叔이다. 만공화상이 운봉의 기봉機鋒을 허여許與한 뒤부터 제방에서 조실祖室로 널리 뫼시게 되었다. 통도사通度寺, 범어사梵魚寺, 도리사桃李寺, 내원사內院寺에서 선풍禪風을 떨쳤다.

1941년, 辛巳年 봄. 단석산丹石山에 은거.

1943년, 癸未年. 동해안 월내포月內浦 묘관음사妙觀音寺에서 병을 보이다. 문인 향곡香谷이 물었다.

"스님은 도를 깨치셨습니까?"
"깨달을 것이 있으면 도가 아니요, 도라고 이르면 이미 깨달음이 아니다."

그리고는 명연明然히 향곡香谷을 한 대 때렸다.
향곡이 또 묻는다.

"대적정삼매大寂靜三昧는 변함이 없습니까?"
"누가 적정삼매寂靜三昧라 하더냐?"

"열반涅槃의 길 끝은 어디에 있습니까?"
"아야! 아야!"

1946년, 입적入寂하기 약 열흘 전에 향곡이 말했다.

"스님은 언제 입적入寂하시렵니까?"
"토끼 꼬리가 빠지는 날이니라."

운봉선사의 말 그대로, 음력 이월二月 그믐날 저녁에 유표遺表를 향곡香谷에게 주고 편안히 누웠다. 숨을 거두려함에 향곡이 소리쳤다.

"스님!"

"나를 불러 뭣 하려노."

그리고 입적入寂하였다. 때는 (陽) 1946년 4월 1일이요, 세수는 쉰여덟, 법랍은 마흔다섯이다. 수문인首門人은 향곡 혜림香谷蕙林이다. 운봉선사 이후 묘관음사를 본으로 삼는 법등의 혈맥은 향곡香谷, 진제眞際, 금진金津으로 이어진다.

법어法語

하나, (精進會上)

주장자로 법상法床을 한 번 치고 이른다.

"대중이여! 분명하게 눈을 뜨고 보라! 이 무슨 시절인고? 이 속에 이르러서는 보리菩提와 열반涅槃이 다 몽환夢幻이요, 오십오위五十五位 또한 몽환夢幻이요, 십팔불공법十八不共法도 몽환夢幻이요, 산하대지山河大地와 만상삼라萬象森羅와 밝고 어두움과 모양 있고 모양 없는 모든 법法이 다 몽환夢幻일 따름이다. 이러한 이야기 또한 몽환夢幻이요,

몽환夢幻이라 하는 것 까지도 몽환夢幻이다."

둘,

주장자로 법상法床을 한 번 치고 이른다.

"이 속에 이르러서는 산하대지山河大地와 만상삼라萬象森羅와 모든 법法이 몽환夢幻이 아니요, 보살과 부처도 몽환夢幻이 아니며, 보리菩提와 열반涅槃 모두가 몽환夢幻이 아니니라."

다시 주장자로 법상을 한 번 치고 이른다.

"이 속에 이르러서는 부처와 보살이 몽환夢幻이 아니라 하여도 얻지 못하고, 유정무정有情無情과 모든 법이 몽환夢幻이 아니라 하여도 얻지 못한다. 대중에게 묻노라. 어떠하다고 들먹이면 모조리 얻지 못하게 되나니, 필경 어떻게 하여야 구멍 속에 떨어지지 않고 살아남을 수 있겠는가?"

셋,

주장자로 법상法床을 한 번 치고 이른다.

"이 속에 이르러서는 부처와 보살이 몽환이 아니라하여도 얻지 못하고, 모든 법이 몽환이 아니라하여도 얻지 못한다. 대중에게 묻노라. 어떠하다고 들먹여도 모두 얻지 못하나니, 필경에 어찌해야 칠통漆桶구멍에 떨어지지 않고 살아남겠는가?"

주장자로 법상法床을 한 번 치고 이른다.

"여기에서 양산 읍내는 사십리니라. 빨리 떠나지 않으면 돌아오기 어렵나니."

넷,

범어사에서 동안거 해젯날, 소음素吟하고 설하였다.

오늘의 일을 밝히고자 한다면
말 머리에서 소뿔이 솟아남이라.
어찌하여 그런가 하고 묻는다면
비구니는 원래로 여자라 하리.
조각구름은 산골짜기에서 나오고
풍월風月은 찬 못에 떨어지누나.
운월雲月이 다한 곳에
금오金烏가 밝은 허공을 나누나.

欲明今日事 욕명금일사
馬頭生牛角 마두생우각
若人問如何 약인문여하

師故元是女　사고원시녀
片雲生晚谷　편운생만곡
風月落寒潭　풍월낙한담
雲月俱盡處　운월구진처
金烏徹天飛　금오철천비

주장자로 법상을 한 번 치고.

"대중은 알겠는가?"

하였다. 대중이 묵묵默默하자,

"억!"

일할一喝하고,
또 주장자를 높이 들었다가 놓으며,
법상에서 내려오다.

선문답禪問答

하나,

운봉화상이 태조산太祖山 도리사桃李寺 조실로 있을 때, 통도사 선방에서 질문이 왔다.

"도리桃李[仙境]에 계신다 하니, 원컨대 스님께서 한 차례의 공양을 베푸심이 어떠하온지요?"

운봉화상雲峯和尙이 답하였다.

"어디에다가 입을 대려하느냐?"

통도사에서 또 소식消息을 보냈다.

"급히 흐르는 물에 낚싯대를 드리웠습니다."

운봉화상雲峯和尙이 답하였다.

"우리 복숭아 값, 가져 오너라."

이후, 통도사 선방에서 소식消息이 없었다.

둘,

도리사 별당에 만우노장萬愚老長이 있었는데, 문장文章도 잘하고 시詩도 잘 지었으며, 계행戒行이 올곧았다. 만우노장이 입적하여 다비를 마친 후였다. 그때에 석우선사石牛禪師가 물었다.

"오늘 만우노장님이 한 줌의 재가 되어 날아갔으니, 그 간 곳이 어디오?"

운봉화상이 게송으로 답하였다.

골설骨屑이 비진飛盡하여 자취를 찾을 수 없거니
목 메인 상제喪制들이 동서東西에서 곡을 하네.

骨屑飛盡覓無處 골설비진멱무처
咽咽喪制東西哭 인인상제동서곡

셋,

어떤 수좌가 물었다.

"옛 부처 나기 전에 일상원一相圓이 의연懿然하다 -라 하였습니다. 그 뜻이 무엇입니까?"

운봉화상이 답하였다.

"늦더위가 찌는구나. 부채질이 바쁘다."

수좌가 말했다.

"더위가 (法身을) 침범하지 않거늘, 어찌 부채가 필요합니까?"

운봉화상이 답하였다.

"더우면 부치고, 시원하면 버리니라."

수좌가 말했다.

"풍월風月이 오갈 때는 어떠합니까?"

운봉화상이 답하였다.

"진흙 밭에 개가 뛰니, 발자국 마다 매화梅花로다."

넷,

어떤 중이 삼처전심三處傳心에 대해 물었다.

"세존世尊께서 꽃을 드신 까닭이 무엇입니까?"
"토끼 뿔 속에 달이 떴느니라."

"세존世尊과 가섭迦葉이 자리를 나누어 앉으신 까닭이 무엇입니까?"
"평지平地에 뼈다귀 무덤을 만들었느니라."

"관 밖으로 두 발을 보인 까닭이 무엇입니까?"
"고목나무 바위 앞에, 까마귀 날고 토끼가 달리니라."

11. 고봉경욱 古峰景昱 1890~1961

약적略跡

1890년, 대구 지동池洞에서 출생.

1905년, 사숙私淑에서 한학독파漢學讀破.

1911년, 통도사에 가서 은사恩師를 구하다.

1911년, 상주尙州 남장사南長寺에 입산入山하다. 혜봉慧峰스님을 은사로 득도하다. 법명은 경욱景昱, 법호法號는 고봉古峯이다.

1915년, 팔공산八公山 파계사把溪寺 성전聖殿에서 좌선坐禪, 성전 마당가 바위에서 좌선하다가 개오開悟하다.

1922년, 덕숭산德崇山 정혜사定慧寺 만공화상滿空和尙에게 전법입실傳法入室 건당建幢.

1924년, 내원암 혜월선사 문하에게서 인가를 득하다.

1940년경, 덕숭산 정혜사 밑에서 곡차를 마신 후, 은사 만공스님을 향해 손가락질하며 큰소리로 말했다. "만공이 견성을 해! 만공이 견성했다면 내 손가락에 장을 지져라!"

1946년, 만공滿空 입적入寂 後, 정혜사 조실로 추대.

1948년, 백운사白雲寺, 서봉사棲鳳寺 조실.

1950년, 공주 마곡사麻谷寺 은적암隱寂庵에서 선회禪會를 열고 선지禪旨를 거양擧揚.

1956년, 아산 봉곡사鳳谷寺, 서울 미타사彌陀寺 조실.

1961년, 서울 수유동 화계사華溪寺에서 세수 72세 법랍 51세로 입적.

낙어落語

하나,

1912년 23세, 상주尙州 남장사南長寺에서 두 달 동안 마구잡이로 경經을 읽더니 고봉古峯이 이른다.

"화엄경華嚴經은 마음의 무진법無盡法을 가르치는 보전寶典이요, 법화경法華經은 제법諸法의 실상實相을 가리키는 경전經典이며, 원각경圓覺經은 편각偏覺과 사각邪覺을 대처하고, 능엄경楞嚴經은 마군의 작난으로부터 해탈하는 길을 열어 보였고, 열반경涅槃經은 고통스런 현실 속에서 무상

무아無相無我한 상락아정常樂我淨의 열반을 증득하는 방법을 보였으며, 반야경般若經은 무상무주無相無住의 생활을 통하여 육도만행六度萬行을 실천할 수 있도록 가르쳤다."

둘,

1915년 26세, 팔공산八公山 파계사把溪寺 성전聖殿에서 좌선坐禪, 성전 마당가 바위에서 좌선하다가 개오開悟하여 읊다.

비바람이 씻고 간 뒤라
밝은 태양 솟아나 깨끗하고 밝도다.
푸른 산, 흰 구름, 눈앞에 뚜렷하나니
흐르는 물소리 청량淸凉 하여라.

風雨洗去後 풍우세거후
明日顯淸明 명일현청명
歷歷山與雲 역역산여운
淸凉流水聲 청량유수성

셋,

1919년 3월 30일 대구 남문 밖에서 삼천여 명이 만세운동을 하였다. 범부梵夫 김법린金法麟스님과 박고봉朴古峯스님 및 동화사 부속의 지방학림의 학생이 주동이었다. 소위 대구사건이다. 이때 고봉은 마산교도소에서 모진 고문을 당하여, 평생에 몸을 제대로 쓰지 못했다. 노년에는 중풍中風이 들어 고생하였으나 언제나 밝은 미소를 잃지 않았다. 삼매三昧 중에 입적入寂하였다.

넷,

금강산金剛山에서 읊다.

동방의 무사객無事客이
우연히 봉래산에 왔나니
청봉이 잇다아 하늘에 솟았고
백운白雲이 발밑에서 피누나.
쌍선봉은 다겁多怯에 편편하거니
사성골이 갑자기 맑아지누나.
사람[人]과 경계[境]를 모다 잊나니
천추千秋에 달[自性]은 스스로 밝도다.

東方無事客　동방무사객
偶作蓬萊行　우작봉래행
青嶂連天仰　청장련천앙
白雲落地生　백운락지생
雙仙夛劫杌　쌍선다겁골
四聖一時淸　사성일시청

廓落沒人境　곽락몰인경
千秋月自明　천추월자명

다섯,

1960년 고봉이 서울 미타사에 있을 때, 대원경大圓鏡이 찾아갔다. 그때 고봉은 중풍이 심하고 약간의 치매가 와서 거동이 상당히 불편하였다. 대원경이 말했다.

"도인道人스님이 왜 이렇게 계십니까?"

고봉이 화안하게 웃으며 마당 구석으로 가서 기와를 깨더니, 기와 한 조각을 흰 손수건에 싸서, 대원경에게 주며 말했다.

"대원경! 고불심古佛心일세. 잘 보관하시게나!"

이듬해 고봉화상이 화계사에서 입적入寂하였다.

◎ [이때 고봉화상과 대원경의 대화를 곁에서 지켜보았던 어떤 선객(默山剛慧)은, 고봉화상이 대원경에게 고불심古佛心이라 하지 않고, 정법안장正法眼藏이라 했다고 한다. 생각건대 선어禪語로는 古佛心과 正法眼藏이 하나의 의지意旨로 통하는지라, 正法眼藏이라 해도 허물이 없다고 하겠다.]

여섯,

고봉이 학인을 계험計驗할 적에 "但知不會면 是卽見性이니라."라는 물음이 빠지지 아니한다. 이는 지눌화상知訥和尙 수심결修心訣의 일구一句요, 혜월화상慧月和尙의 자득처自得處이다. 혜월화상慧月和尙의 회상會上에서 허여許與를 득한 이는 모두가 "但知不會면 是卽見性이니라."의 의지意旨에 적통的通하여 답하였다.

운봉雲峯, 운암雲巖, 동광東侊, 고봉古峯이 이 노정路程을 벗어나지 아니하였다.

◎ [但知不會是卽見性의 역譯과 해의解義는 읽는 이가 에게 맡기나니, 그렇게 해야 허물이 적어지는 까닭이다.]

일곱,

1940년경, 고봉은 덕숭산 정혜사定慧寺 밑에서 곡차穀茶를 마신 후, 은사 만공滿空스님을 향해 손가락질하며 큰소리로 말했다.

"만공이 견성을 해, 만공이 견성했다면 내 손가락에 장을 지져라!"

만공스님은 말이 없었다.

법어法語

하나.

고봉古峯이 법좌法座에 올라 주장자拄杖子를 한번 들었다 놓고 일렀다.

"이것이 무엇인고?"

한 학인學人이 일어나 답한다.

"스님의 마음이요, 저의 본성本性입니다."

고봉이 이른다.

"또!"

학인學人이 말이 없었다. 고봉이 평한다.

"식은 죽 갓 둘러 먹다가 판나겠구나."

둘.

고봉이 법좌에 올라 이른다.

여래如來의 인지행因地行을 알고자하면
문수文殊의 물음을 자세히 보라.
법공法空을 깨치고 공空한 자취를 잊으면,

어리석은 마음 돌려 각황覺皇이 되리라.

欲識如來因地行　욕식여래인지행
看取文殊所問章　간취문수소문장
了悟法空空亦忘　료오법공공역망
從此轉愚成覺皇　종차전우성각황

법法이 공空한 도리를 알겠는가? 알았다면 알았다는 그 생각까지도 놓아버려야 하느니라. 악! 일할[一喝]하고 법좌法座에서 내려오다. (麻谷寺 講院에서)

셋.

만공滿空스님 입적入寂 후, 고봉古峯이 정혜사定慧寺 조실이 되어 결제법문을 하였다. 대중스님이 물었다.

"어떻게 참선參禪하면 공부가 잘 될 수 있습니까?"

경허선사鏡虛禪師 참선곡參禪曲을 읊고 이른다.

"이와 같이 공부工夫하면 잘할 수 있다."

고봉화상이 다시 이른다.

"불법공부는 자성自性을 관조觀照하는 것으로써 으뜸을 삼는다. 나머지 방편은 다음 근기根機를 위한 방편이니라."

넷.

고봉이 법좌에 올라 이른다.

"도道는 인생人生을 귀貴하게 하는 것이다. 세상을 살아가는 가운데서 끊어지지 않게 하여야 한다."

다섯.

고봉이 법좌에 올라 이른다.

"사람의 마음은 둘이 아니다. 둘 아닌 가운데서 둘을 내어 살고 있기 때문에, 한 생각이 돌아지면 진실로 본래의 고향에 돌아가게 되어 있다. 삼독三毒을 돌려 삼취정계三聚淨戒를 이루고, 육식六識을 돌리면 육신통六神通을 얻고, 번뇌煩惱를 돌리면 보리菩提가 되고, 무명無名을 돌리면 대지혜大智慧가 되느니라."

여섯.

고봉이 법좌에 올라 이른다.

"태양은 구름이 낀다고 없어지는 것이 아니다. 또한 구름이 벗겨졌다고 해서 새삼스럽게 태양이 나타난 것도 아니다. 금강반야金剛般若는 생사거래生死去來와 관계없이 시간時間과 공간空間 속에 광명光明을 발한다.

대중은 보느냐? 보지 못하느냐?

본다고 할지라도 삼십 방棒이요, 보지 못한다고 할지라도 삼십 방棒이다. 자 어떻게 할 것인가?

(良久하고 이른다) 육육六六은 삼십육三十六이니라."

선문답禪問答

– 제1화 –

혜월慧月, 용성龍城, 만공滿空스님이 한 자리에 모였다. 이때 보월寶月과 고봉古峯이 함께 하였다.

용성선사龍城禪師가 말하였다.

"옛날 부처님께서 안수정등岸樹井藤에 관한 설법을 하셨는데, 여러분은 어떻게 생각하시오?"

혜월慧月스님이 말했다.

"알래야 알 수 없다."

만공滿空스님이 말했다.

"간밤의 꿈속 일이다."

보월寶月이 말했다.

"어찌 우물일 것인가?"

고봉古峯이 말했다.

"아야! 아야!"

- 제2화 -

금오金烏의 법명法名은 태전太田이며 보월寶月의 문인이다, 어느 날, 고봉古峯스님이 법당法堂에 올라가려 하는데, 금오金烏가 갑자기 고봉古峯스님의 옷자락을 잡으며 말했다.

"올라가기 전에 한 마디 이르고 가시오."

고봉古峯스님이 말했다.

"놔라! 놔!"

- 제3화 -

어느 날, 향곡香谷이 누더기 승복을 깁고 있을 제, 고봉古峯스님이 물었다.

"바느질은 어떻게 하는고?"

향곡香谷이 바늘로 고봉古峯스님의 다리를 찔렀다. 고봉스님이 "아야! 아야!" 하니, 향곡香谷이 다시 한번 찔렀다. 고봉古峯스님이 껄껄 웃으며 말했다.

"그 녀석! 바느질을 잘하는구나!"

– 제4화 –

서울의 탑골선원에서 고봉스님이 제자들에게 물었다.

"쥐가 고양이밥을 먹으니 밥그릇이 깨어졌다. 이것이 무슨 뜻인고?"

세등스님이 "아이고! 아이고!" 하였다.

고봉스님이 말했다.

"고양이가 조상祖上이냐? 쥐가 조상祖上이냐?"

세등스님이 말이 없었다.

뒷날, 벽치나그네가 말했다.

"쥐와 고양이가 모두 죽어, 다비茶毘해 마쳤다."

附錄

高僧抽考

鳩摩羅什 343~413
구마라습

삼론종三論宗의 조사祖師. 반야경般若經, 법화경法華經 등 380 여권 번역,

특히 삼론三論, 즉 용수龍樹의 중론中論, 십이문론十二門論과 데바의 백론百論을 도생道生, 승조僧肇, 도융道融, 승예僧叡 등 문인 삼천三千에게 강설하다. 중국불교의 현문玄門이 구마라습鳩摩羅什으로부터 전하는 것이다. 조계종의 종경宗經인 금강경金剛經은 구마라습의 역譯을 저본으로 삼는다.

僧 肇 383~414
승 조

조론肇論을 짓다. 조론肇論의 내용은 물불천론物不遷論, 반야무지론般若無知論, 열반무명론涅槃無明論 등이다.

승조僧肇의 임종게臨終偈

四大元無住 사대원무주

五陰本來空 오음본래공

以首臨白刃 이수임백인

猶如斬春風 유여참춘풍

임종게에 사대四大와 오음五陰을 따로 설명함이 특장特長이

다. 무주無住와 본래공本來空의 뜻에 착실히 계합契合하여 설하는 이가 드문 것은 그 깨침이 밝지 못한 까닭이다. 영가대사永嘉大師, 영명선사永明禪師, 중봉선사中峯禪師, 보조국사普照國師 등 선禪과 교敎를 회통하여 드밝힌 조사祖師들이 불조佛祖의 전거典據를 밝힐 때, 반드시 조론肇論을 인용하여 말한다. 팔지보살八地菩薩이라 전한다.

達磨 ?~536
달 마

중국 선종禪宗 초조初祖. 陰10月5日 入寂.

등각보살等覺菩薩이라 전한다.

이입사행론二入四行論

(이입, 행입 - 보원행, 수연행, 무소구행, 칭법행)

무심론無心論.

관심론觀心論.

혈맥론血脈論.

달마의 직지直指가 혜가慧可에 전한다. 이 밖에 몇몇의 간혜乾慧전수자가 있다.

慧可 487~593
혜 가

이조二祖.

숭산崇山 소림사小林寺로 보리달마菩提達摩를 찾아가 팔뚝을 끊어 위법망구爲法忘軀의 뜻을 보이고, 각고 수행 후 대오大悟하다.
달마대사께서 '여득오수汝得吾髓'라 하며 인가認可하다.
문인門人에 승찬僧璨이 있다. 승찬은 서천 십칠조十七祖 승가란제僧伽難堤존자의 후신後身이다.

傅大士 497~569
부 대 사

쌍림대사雙林大士.
스스로 쌍수림하雙樹林下 당래해탈當來解脫 선혜대사善慧大士라 게偈하다. 제자 19인이 단식분신공양斷食焚身供養하다. 단식분신공양에 대해 후학의 설이 분분하나 위법망구爲法忘軀와 사대四大와 오음五陰이 몽환夢幻과 같음을 후학에게 실답게 보인 것이다.
'다만 말소리를 막은 것은 그대의 견성성불見性成佛을 도모하려는 것이다.'라 하였다. 이는 직지直指를 설하여 보리달마菩提達摩와 더불어 선법禪法을 세우는데 그 뜻이 있었던 것이다. 529년 운황산雲皇山에 절을 짓고, 뒤에 경사京師에 들어가 임금과 문답問答하다.

僧璨 ?~606
승 찬

삼조三祖,

신심명信心銘.

속가俗家에서 풍질風疾에 걸리다. 이조二祖 혜가慧可를 만나 문답하는 가운데 풍질風疾이 본공本空함을 깨닫고, 이조二祖에게 출가하여 법을 받다. 이는 승가란제僧伽難堤가 선법禪法을 펴 넓히기 위한 시현示現이요, 승찬僧璨이 현신하여 새로이 닦은 것이 아니다.

574년, 북주北周 무제武帝의 파불破佛 때, 환공산晥公山에 10년 은거隱居하다.

592년 도신道信이 제자가 되어, 9년 뒤 선법禪法을 잇다. 뒤에 조주종심趙州從諗으로 몸을 나투어 대법大法을 펴다.

〈三祖僧璨 自頌〉

내가 처음 정각正覺을 이룰 때	我初成正覺
그 호號가 바라왕婆羅王이었네.	號曰婆羅王
중간에 서천의 십칠조 승가란제僧伽難堤였으며	中間當十七
지금에 동토의 삼조三祖가 되었네.	今作第三入
도덕道德을 감추고 세상을 피한 바 있어	韜光亦晦迹
다시 조사祖師의 문중門中에 드러낼 것이니,	重入祖門中
종심從諗으로써 그 호號를 삼고	諗氏其爲號

종거終居를 조주趙州의 동東으로 할지라.　　終居趙邑東

(出處 : 舊 緇門, 注 栢庵性聰)

智顗 538~597
지 의

천태산天台山 지자대사智者大師.

법명이 지의智顗이나 그 도道가 성현聖賢과 다르지 아니하여 지자智者라 이른다. 28세에 대소산大小山의 혜사慧思를 찾아가 심관心觀을 받다. 마하지관론摩訶止觀論 즉 지관좌선론止觀坐禪論을 짓다.

소견所見이 열린 제자가 32인이다. 상수제자는 관정灌頂이다. 불법佛法의 요체가 망심妄心을 그치고 진심眞心을 보아, 진심眞心이 십이시十二時에 성성惺惺함에 있는 고로 지관법止觀法을 지어 상근上根과 중근中根을 아울러 가르쳤다.

일설一說에 맹자孟子의 후신後身이라 한다. 맹자의 진심설盡心說이 밝지 아니한 때의 교어敎語라 정의하고, 지관론止觀論을 세워 전세前世의 잘못을 바로 잡았다고 한다. 지관止觀이란 지환관진止幻觀眞이다. 맹자의 진심설盡心說의 병처病處는 망심妄心을 없애 다한다는 뜻이라, 망심이 본래환本來幻인 도리에 미회未會한 것이다.

지자대사智者大師는 망심妄心을 그치고 진심眞心을 드러내는 법法이 정법正法이라 하였으며, 반드시 스승에 의지해서 공부해야 어스름한 밤길에서 머뭇거리지 않는다고 하였다. 만년에 관정灌頂에게 말한다. "내가 그대들을 위하여 설하느라 오지五地에 머물렀다. 공부는 성성惺惺이 가장 귀하니라."라 하였다.

道信 도신 580~651

사조四祖,
삼조三祖에게서 구년 참학參學후 의발衣鉢을 받다. 대중을 거느리고 여산廬山의 대림사에 살다.
쌍봉산雙峯山에서 삼십여 년간 법法을 펴다.
학도자學道者 500여 명을 두었다. 달마達摩의 관심법觀心法이 도신道信에 이어졌으나 다만 쌍봉산에 머물렀다. 이는 아직 달마達摩의 직지선법直指禪法이 그때를 맞이하지 못했던 까닭이다.

弘忍 홍인 602~675

오조五祖.
사조四祖의 문하門下에서 30여 년 수행修行하고 법法을 잇다.
쌍봉산雙峯山의 동쪽 빙무산憑茂山에서 법法을 펴다. 이로부터 빙무산憑茂山을 동산東山이라 부르고, 오조五祖의 법문을 동산법문東山法問이라 한다.
대통신수大通神秀의 계통이 동산법문東山法問을 이은 듯하다.
관심론觀心論이 달마의 저술이라 알려졌으나, 기실은 신수神秀의 관심론觀心論이다. 한국의 선문촬요禪門撮要는 1892년경 범어사의 성월화상星月和尙이 편집하고 경허화상鏡虛和尙이 책명을 붙인 것이다. 당시의 사정에 고증考證이 어려웠을 것이다. 진심직설眞心直說 또한 보조普照의 저술이 아니고 금金의 강백講伯, 정언화상政言和尙의 저술이다. 그런 까닭으로 진심직설眞心直說의 내용 중에, 열 가지 공부방법 등이 번다히 오류誤謬를 보이는 것이다.
빙무산憑茂山의 다른 이름은 황매산黃梅山, 오조산五祖山, 동산東山이다. 오조五祖 홍인대사弘忍大師 이후에는 대개 오조산五祖山이라 부른다. 오조五祖사계師戒973?~1035와 오조五祖법연法演1024~1104을 오조五祖라 약칭하는 것은 오조산五祖山에 거처했기 때문이다. 사계師戒는 소동파蘇東坡1036~1101의 전신前身이라 전한다

元曉 617~686 韓
원 효

해동제일승海東第一僧.
복성거사卜性居士.

기신론소起信論疎,

금강삼매경론金剛三昧經論,

외 백여 권 저술. 대법大法을 펴다.

팔지보살八地菩薩의 현신現身이라 전한다.

사복거사巳僕居士와 더불어 묘도妙道를 보이고, 불법佛法의 현의玄義를 간명簡明히 드러낸 동방의 보살이다. 삼계유심三界唯心 만법유식萬法唯識의 이理를 설하다.

無理之至理　무리지지리

不然之大然　불연지대연

라 하여 불법佛法의 대의大義를 설파說破하다.

玄裝(현장) 622~664

법상종法相宗 개조開祖.

태종太宗, 고종高宗, 측천무후則天武后의 외호外護 아래 76부 1347권 번역하다.

반야심경般若心經은 여러 본이 있으나 현장玄裝의 역譯이 널리 읽히고 또한 모범이 된다고 한다.

유식론唯識論, 구사론俱舍論의 홍통弘通에 힘쓰다.

義湘 625~702 韓
의 상

650년 입당入唐.

662년 종남산終南山 지상사智常寺 지엄智儼에게서 현수懸首와 함께 화엄경華嚴經을 연구硏究하다.

화엄학華嚴學의 해동초조海東初祖.

화엄일승법계도華嚴一乘法界圖를 그리다.

법성게法性偈를 저작.

神秀 ?~706
신 수

북종선北宗禪의 개조開祖,

뒷날, 홍인대사弘忍大師의 동산법문東山法問을 잇다.

점수돈오설漸修頓悟說을 세워 중근中根과 하근下根의 지견知見에 장원심長遠心을 열어주는 공부법을 보이다.

홍주선洪州禪의 시기와 질타를 받았으나, 점수돈오법을 세우고 관심론觀心論을 지어 견처見處를 드러내다. 신수神秀의 재평가가 기대된다.

李通玄 635~730
이 통 현

당唐 종실宗室,

거가자오居家自悟.

유불儒佛에 자명고견自明高見을 갖추다.

이곳저곳 다니다가 실차난타의 화엄경華嚴經 팔십 권을 읽고는, 고산노선인古山老仙人의 옆방을 빌려 거처하며, 삼년 동안 마당 밖을 나가지 않고, 화엄경희석華嚴經希釋 40권과 십문현의十門玄義 4권을 짓다. 3년 동안 매일 대추 10개와 숟가락 크기의 잣잎 떡 1개를 먹었다. 이런 까닭으로 사람들이 조백대사棗栢大士라 불렀다.

뒷날에 화엄경華嚴經을 배우는 이는 이통현李通玄의 화엄론華嚴論에 의지해서 배운다. 이통현의 화엄의지華嚴意旨를 통해通解하지 못하면 소견所見이 바르다고 할 수 없기 때문이다.

慧能 638~713
혜 능

육조六祖.

중국선中國禪의 개화조開花祖.

등각보살等覺菩薩.

무념無念으로 종宗을 삼고, 무상無相을 체體로 하며, 무주無住로 본本을 삼는다는 혜능대사慧能大師의 설을 선가禪家의 종지宗旨로 삼는다. 혜능이 불법의 정수精髓를 드러냄에 중국에 선풍禪風이 올곧게 서게 되었다.

법보단경法寶壇經,

금강경金剛經 구해口解.

實叉難陀 653~710
실 차 난 타

695년 낙양洛陽에서 보리유지菩提唯智, 법장法藏과 더불어 금강경金剛經, 화엄경華嚴經 80권과 기신론起信論 등을 번역.

神 會 670~762
신 회

육조대사六祖大師의 오대고제五大高弟,

강북江北 칠조七祖.

하택종荷澤宗 초조初祖.

7세에 기이한 지혜를 보이고, 9세에 무측천武則天에게 불법을 설하였다. 14세에 견성하여 육조六祖의 법을 잇다.

신회神會의 종요宗要는 공적영지空寂靈知 지지일자知之一字 중묘지원衆妙之源 열두 자에 있다. 처음에 신수神秀의 문인이었으나, 측천무후則天武后의 명으로 강남江南으로 가서 육조六祖의 문인이 되다.

13세(혹은 14세)에 견성見性하다.
신수神秀의 북종선北宗禪을 비판하고 육조六祖의 선풍禪風을 선양하다. 뒷날, 마조馬祖의 문인 몇몇이 법보단경法寶壇經을 찬술撰述하여 신회神會를 지해종도知解從徒로 폄하했으나 사실과 다르다. 신회가 육조의 법을 잇고 선풍禪風을 널리 드밝혔다. 남양혜충南陽慧忠이 마조馬祖문인의 얕은 지견知見을 나무라는 글이 몽산덕이蒙山德異에 의해 법보단경法寶壇經 부록에 실려 있다.
규봉종밀圭峰宗密 이후, 하택종荷澤宗 즉 화엄종華嚴宗은 급격히 쇠퇴하다.

懷讓 677~744
회 양

칠조七祖,
15년 동안 육조六祖를 모시다.
713년 남악南嶽 반야사般若寺에 들어가 30년 동안 선풍禪風을 선양하다. 육조의 유일한 적전이라는 설이 있으나 마조 문인들의 강설에 다름 아니다. 육조의 대법은 영가, 신회, 혜충이 이었으며 회양은 늦게 견성하여 오랫동안 육조를 모신 정리가 있다. 뒷날 문인에 마조가 나타나 회양이 더욱 이름이 높아졌다고 하겠다. 문인 마조도일馬祖道一이 대법大法을 드날리다.

馬祖 709~788
마조

팔조八祖,

남악南嶽의 마전기연磨磚機緣으로 대오大悟.

석두희천石頭希遷과 더불어 쌍벽을 이루다.

종요宗要는 평상심시도平常心是道, 즉심즉불卽心卽佛 비심비불非心非佛을 표방하는 대기대용大機大用의 선풍禪風.

문하에 백장회해百丈懷海, 서당지장西堂智藏, 남전보원南泉普願, 대매법상大梅法常, 귀종지상歸宗智常, 분주무업汾州無業 등 139여 명의 제자를 배출하다. 문인 중 여덟이 견성도인見性道人이요, 나머지는 지견도인知見道人이다.

마조원상馬祖圓相의 입야타불입야타入也打不入也打 등의 설인교법挈人敎法에 자재自在하여 시법대용示法大用의 무심도인無心道人이라 부른다.

龐蘊 ?~808
방온

구조九祖,

자字는 도현道玄,

석두희천石頭希遷에게서 개오開悟하다.

마조도일馬祖道一에게서 대오大悟하다.

방거사의 사고우四高友는 앙산혜적仰山慧寂, 대매법상大梅法常.

단하천연丹霞天然, 약산유엄藥山惟嚴이다.

앙산仰山은 아난존자阿難尊者의 후신後身이라 전하고,

방거사龐居士는 전세 인도의 고승高僧이라 한다.

선풍禪風은 지공知空, 학무위學無爲이다.

임종게臨終偈 -

다만 모든 마음을 없애라	但願空諸所
두려워 말라. 실로 모든 마음은 없는 것.	愼勿實諸所無
사람들이 즐거이 머무는 세상살이	好住世間
다 그림자요, 메아리니라.	皆如影響

百丈(백장) 720~814

구조九祖,

마조문하馬祖門下 삼대사三大士 가운데 한 분.

법명은 회해懷海.

선원청규禪苑淸規를 창시創始하다.

종풍宗風은 관심법觀心法.

고제高弟는 위산潙山와 황벽黃檗이 있다. 뒷날, 위산潙山은 앙산仰山을 만나고, 황벽黃檗은 배휴裵休와 임제臨濟를 배출한다.

西 堂 735~814
서 당

구조九祖,

마조문하馬祖門下 삼대사三大士 가운데 한 분.

법명은 지장智藏.

신라의 명적도의明寂道義, 체공혜철體空慧哲이 법을 받다.

습지선생習之先生 이고상서李翶尙書를 인가認可하다.

이고李翶의 자는 습지習之, 복성론復性論을 지어 공자孔子의 상지上旨인 일성대적一性大寂을 밝혀 드러냈으나, 따르는 이가 없었다. 뒷날 소동파蘇東坡가 이습지李習之의 복성론復性論을 보고 지견知見이 밝음을 말하다. 또한 황산곡黃山谷이 추존음게追尊吟偈하였다. 이습지李習之의 지혜는 유가儒家의 중조中祖이나, 정이程頤와 주희朱熹의 견처見處가 어두워 복성론復性論의 본의本意를 알지 못했다.

丹 霞 739~824
단 하

천연天然,

석두문하石頭門下에서 개오開悟.

마조馬祖에게서 대오大悟.

단하소목불丹霞燒木佛의 일화逸話가 있다.

방거사龐居士와 벗.

藥 山 745~828
약 산

유엄惟儼.

석두희천石頭希遷의 불시심不是心의 법을 잇다.

혜충국사慧忠國師를 존숭尊崇하다.

방거사龐居士와 벗하다.

이습지선생을 인가하다.

南 泉 748~834
남 전

구조九祖,

보원普願.

마조문하馬祖門下 삼대사三大士 가운데 한 분.

남천南泉이라 쓰고 남전이라 읽는다. 한국 불가佛家의 독음지습讀音之習이다.

선원禪院을 열고, 밭을 일구며, 선풍禪風을 펼치다.

사립簑笠을 쓰고, 소를 치며, 산에 올라 땔감나무를 하였다.

종요宗要는 불시심不是心, 불시불不是佛, 불시물不是物 이다.

남천참묘南泉斬猫 등의 법어法語가 있다.

道義 760~? 韓
도 의

명적明寂.

신라국新羅國 국사國師.

서당지장西堂智藏의 법을 잇다.

黃檗 ?~850
황 벽

십조十祖,

희운希運.

전심법요傳心法要, 완릉록宛陵錄 두 권의 저술은 배휴가 묻고 황벽이 답한 것을 배휴가 정리하여 편찬한 것이다.

백장청규百丈淸規를 드높이다.

임제의현臨濟義玄과 배휴裵休가 법法을 잇다.

潙山 771~853
위 산

십조十祖,

영우靈祐,

위앙종潙仰宗 초조初祖.

백장百丈의 법을 잇다.

앙산혜적仰山慧寂, 향엄지한香嚴智閑, 연경법단延慶法端, 왕경초거사王敬初居士 등의 뛰어난 제자가 있다. 특히 앙산仰山의 경지가 높아 위산潙山을 이끈 바 있다.

李 翺 772~836
이 고

자字는 습지習之,

20세, 담연에게 천태지관天台止觀을 배운 양숙에게 사사.

25세, 진사進士에 급제. 한유韓愈를 만나 고문운동古文運動에 동참.

26세, 청량징관清凉澄觀을 만나 교유. 육참과 교유.

29세, 거가개오居家開悟, 복성서復性書 저술本無七情說.

47세, 약산유엄藥山惟嚴을 만나 대오大悟.

48세, 서당지장西堂智藏이 또 인가認可.

이습지선생은 유불일관설儒佛一貫說을 펴다. 상산象山 육구연陸九淵에게 영향을 주다.

白樂天 772~846
백 락 천

향산거사香山居士,

광대교화주廣大敎化主.

불광여만佛光如滿, 흥선유관興善惟寬, 귀종지상歸宗智常에게 참학.
조과도림鳥窠道林에게서 대오大悟.
도연명陶淵明이 나의 전신前身이라 말하다.
오도송悟道頌의 문체가 뛰어나 도솔종열兜率從悅 등 뒷사람이 음송吟誦하고 또 개음改吟하다. 채근담菜根譚에도 개음改吟이 보인다.

죽영竹影이 뜨락 섬돌 쓸어도 티끌은 부동不動이요,
달빛이 못을 뚫어도 물에는 흔적이 없도다.
유수流水가 급할지나 경계境界는 항상히 고요하고,
비록 꽃이 떨어짐이 잦으나, 그 뜻에 스스로 한가하도다.

竹影掃階塵不動　죽영소계진부동
月色穿潭水無痕　월색천담수무흔
水流任急境常靜　수류임급경상정
花落雖頻意自閑　화락수빈의자한

趙州 778~897
조 주

종심從諗,
삼조三祖 승찬대사僧璨大師의 후신後身이며, 바라왕불婆羅王佛의 현시現示이므로 고불古佛 즉 옛 부처님이라 한다.
남전南泉의 법을 잇다.

고담착실枯淡着實한 직지直指의 선풍禪風을 드날리다.
조주록趙州錄.

40년을 수행하고, 40년을 보림[保其天性 任其自在]하였으며, 40년 동안 직지直指의 대법大法을 펴다.
120년을 세상에 머물며 무심삼매無心三昧를 두렷이 보이다.
지견선사知見禪師와 개오선사開悟禪師의 자만自慢을 잠재우며, 삼지보살三地菩薩 이후의 나아갈 바를 보였다. 대적지大寂智로써 법을 나투었으며, 성성지惺惺知의 모범을 보였다.
조주스님은 과거칠불 이전에 성불成佛한 바라왕불婆羅王佛의 현시現示이므로 고불古佛이라 부르며, 중간에 서천西天 십칠조 승가란제僧加難堤와 동토東土 삼조三祖 승찬대사僧璨大師로 나투어 때 따라 중생을 교화하였으며, 조주로 현신하여 오직 향상일로向上一路를 보였다.

圭峰 780~841
규 봉

종밀宗密.
징관澄觀의 화엄경소석을 보고 그의 제자가 되다.
華嚴五祖 : 神會 - 法如 - 南印 - 澄觀 - 圭峰宗密.
선禪과 교敎의 일치一致를 설하다.
종밀의 설은 먼저 종지宗旨를 보이고, 중근中根의 총명영재

聰明英材를 위하여, 자세히 교설을 폈다.
배휴裵休와 방외方外의 벗이 되다.
선원제전집禪源諸詮集 백권.
원각경소圓覺經疎,
원각경현담圓覺經玄談.
금강경간정기金剛經刊定記

雲巖 782~841
운 암

담성曇晟,
백장百丈에게 참학.
약산藥山의 법을 잇다.
동산양개洞山良介가 수문인首門人이다.

偈 : (人天眼目6)
運水搬柴不是塵 운수반시불시진
頭頭全現法王身 두두전현법왕신

慧哲 785~861 韓
혜 철

체공體空.
서당西堂의 법을 잇다.

鎭州 ?~861
진 주

보화존자普化尊者.

황벽黃檗의 사제師弟.

임제臨濟의 외호선사外護禪師.

임제臨濟의 법화法華를 뒤에서 높이고 밝히며 외호하였다. 진주보화가 "하양河陽은 새댁 같고, 목탑木塔은 할매선이요, 임제臨濟는 어린애로서 겨우 한쪽 눈을 떴다." 하니, 임제가 "이 도둑놈아!" 하자 "도둑이야!" 하며 갔다. 임제를 외호外護하며 기행奇行을 보이고, 스스로 관棺에 누워 허공을 돌다가 천화遷化하다.

臨濟 ?~867
임 제

십일조十一祖.

의현義玄.

혜조대사慧照大師

황벽은 임제가 법기法器임을 알고, 직지선기直指禪機하나 알지 못하자, 고안대우高安大愚에게 보낸다. 대우가 나무래자 임제가 언하言下에 대오大悟하다. 대우는 임제를 황벽에게 돌려보낸다.

임제는 위산영우潙山靈祐를 뵌 후, 황벽에게 돌아와 백장百丈

의 선판禪板과 궤안几案을 받고 법을 잇다. 이후 선림禪林의 여러 노사老師를 방문. 무위진인無位眞人 수처작주隨處作主 입처개진立處皆眞, 삼현三玄 삼요三要 진정견해眞正見解 등과 화엄교의華嚴教義를 종횡縱橫으로 구사하다.

묵군화默君和거사가 집을 절로 만들고, 임제원臨濟院이라 하고 의현을 맞아 법주法主로 모시다. 법숙法叔인 보화普化와 극부克符가 교화를 도우다. 법을 이은 제자로는 삼성혜연三聖慧然, 흥화존장興化存獎, 관계지한灌谿志閑, 풍혈연소風穴延沼 등 20여 명이다.

裴休 797~870
배 휴

황벽黃檗과 규봉圭峰의 문인.(圭峰과 方外의 벗)

전심법요傳心法要, 완릉록宛陵錄을 문찬聞撰하다.

황벽, 규봉 등 제선사諸禪師의 서序, 발跋, 기記, 명銘을 짓다.

仰山 803~887
앙 산

혜적慧寂.

위산潙山의 문인.

아난존자阿難尊者의 후신後身이다.

지혜智慧가 높아 소석가小釋迦라 칭한다. 임제臨濟의 행화行化를 도운 보화존자普化尊者가 전신탈거全身脫去할 것이라 예언하니 그대로 되었다. 또한 서천의 신장神將이 허공으로 와서 예배禮拜하고 법을 묻고 배우다.

위산이 향엄지한을 인가하자, 긍정하기 어렵다고하며 앙산이 다시 향엄을 시험하여 그 궁극窮極을 보고 허여許與하였다.

석두石頭를 진금포眞金鋪라 하고 앙산仰山을 잡화포雜貨鋪라 함은, 석두는 직지直指를 주로 보였고, 앙산은 대적大寂의 묘용妙用을 두루 보였으며 제방 선사禪師의 경지境地를 거울 들여다보는 것과 같았기 때문이다.

뒷사람이 위앙종潙仰宗이라 함은 사제師弟의 정리情理를 높혀 부른 것이요, 앙산이 아니면 임제가 드러나지 못했을 것이라 한다. 신라 말, 구산선문九山禪門을 개산開山한 범일선사梵日禪士와 무염국사無染國師가 앙산仰山의 문인이다.

洞山 807~869
동 산

양개良价.

보경삼매가寶鏡三昧歌,

동산어록洞山語錄.

남전보원南泉普願, 위산영우潙山靈祐에게 참학하고, 운암담성

雲巖曇晟에게서 대오大悟하다. 문인 조산본적曹山本寂과 연칭連稱하여 조동종曹洞宗의 고조高祖로 추앙됨.
세밀細密한 선풍禪風을 고취하다.
문하에 운거도응雲居道膺, 조산본적 등 27인이 있다.

曹山 840~901
조 산

본적本寂.
조동종曹洞宗 개조開祖.
동산洞山의 오위현결五位顯訣 종지宗旨를 전승.
오위五位란 선禪을 정正과 편偏으로 분류(正中偏 등)하는 방법.

雲門 864~949
운 문

문언文偃.
황벽黃檗의 법을 이은 목주도명睦州道明에게서 참구參究하여 대오大悟하다.
설봉의존雪峰義存의 법을 잇다.
일일시호일日日是好日, 동산수상행東山水上行 등의 법어法語.

만리 세상이 발아래 푸르고녀 萬里足下青
동산이 물 위로 가누나. 東山水上行

나의 도는 이 가운데 있나니　　　　　　吾道此時中
수행에 귀한 곳은 나날이 성성惺惺함에 있나니. 行之貴日惺

중국의 조사祖師 중에 문장文章이 가장 뛰어났다고 평한다. 영명永明대사과 더불어 만당이봉晩唐二峰이라 일컫는다.

永明 904~975
영 명

연수延秀.
법안종法眼宗,
만당晩唐의 대종사大宗師.
천태덕소天台德韶의 법을 이어 법안종法眼宗 3세가 되다. 선禪과 염불을 겸수兼修하여 저녁에는 언제나 행도염불行道念佛을 하였다.
고려 광종光宗 때에 혜거惠居가 국사가 되고, 탄문坦文은 왕사가 되었는데, 혜거와 탄문은 영명대사의 문인이다.
상당上堂, 예배禮拜, 염불念佛, 저찬著撰, 자비섭화慈悲攝化 등 중생의 도탈度脫을 위해 쉼이 없었으므로, 제방에서 '자씨慈氏미륵의 하생下生'이라 하였다.

영명연수가 종경록宗鏡錄을 지으매, 선禪과 교敎가 가지런해지고, 임제종臨濟宗과 운문종雲門宗의 종취宗趣를 합했으며,

승조법사, 천태지자대사의 요목이 드러내고, 규봉종밀의 자의慈意를 가려냈다. 영명연수가 법안종의 갈래를 얻었으나, 경經과 조의朝儀를 낱낱이 꿰뚫어 불종佛宗을 하나로 세웠으니 그 지혜와 자慈와 혜慧가 일월日月과 같았다.

자성自性을 철견徹見한 선사禪師들을 향하여 "그대는 십이시十二時에 성성惺惺하는가?"라 질문하여 견성見性한 선사禪師들의 자만自慢을 재우며 참되게 오후공부悟後工夫의 길을 보이고 수시로 경지境地를 물었다. 뒷사람이 '조주趙州 이후 오직 한 사람'이라 하였다.

저찬著撰은 종경록宗鏡錄 100권, 유심결唯心訣, 심부心賦, 만선동귀집萬善同歸集 등이다.

師戒 ?~1035
사 계

오조산五祖山[憑無山] 독안선사獨眼禪師.

설두雪竇가 문인이다.

소동파蘇東坡의 전신前身이다. 소동파를 당시 동림東林, 불인佛印 등 선객禪客들이 알아보고 계화상戒和尙이라 불렀다.

오조산은 홍인대사弘忍大師이후 많은 선장禪丈이 거居하였으며, 오조산은 송대宋代 황룡파黃龍派와 양기파楊岐派가 융성.

五祖 1024~1104
오 조

법연法演.

호는 해회海會.

임제종 양기파楊岐派.

혜림종본慧林宗本에게 참학.

부산법원浮山法遠의 법을 잇다.

문인은 원오극근圓悟克勤, 장경수張景修거사, 유발劉跋거사.

東林 1025~1091
동 림

상총常總.

황룡혜남黃龍慧南에게 20년 참구대오參究大悟,

결지決旨를 받으나 법 잇기를 사양하고 보림하다.

황룡혜남黃龍慧南의 법을 원기圓機에게 양보했으나 원기圓機도 사양하다. 황룡 입적 후, 조심祖心을 지명하여 황룡의 법을 받게 하다.

강서江西 여산廬山 구강九江 동림사東林寺에서 대법大法을 드날리다.

60여 제자를 두다.

문하에 륵담응건泐潭應乾 등과 북송北宋의 걸사傑士요, 유가儒家의 태사太師인 주염계周濂溪, 구양수歐陽修, 소동파蘇東坡,

정명도程明道, 장무진張無盡 등이 있다.

蘇東坡 1036~1101
소 동 파

소식蘇軾,

자字는 자첨子瞻.

동림상총東林常總의 문인.

절세고사絶世高士.

〈開悟頌〉

계성溪聲이 장광설長廣舌이요,	溪聲便是廣長說
산색이 어찌 청정신이 아니랴!	山色豈非淸淨身
미迷할 제, 팔만사천법 두나니	夜來八萬四千偈
이 일을 뒷사람에게 어찌 보일것가?	後日與何擧似人

〈悟道頌〉

내게 어디서 왔느냐고 묻나니	問我何處來
나는 무하유無何有에서 왔다하리.	我來無何有
훈풍이 스사로 남에서 부나니	薰風自南來
초당에 서늘한 바람이 미묘히 생하누나.	艸堂生微凉

도연명陶淵明, 백낙천白樂天, 사계화상師戒和尙, 소동파蘇東坡는 같은 인물이다. 소동파의 전세는 청한淸閑선비, 광자고사廣

慈高士, 자명선사自明禪師, 절세고사絶世高士의 길을 밟아 동파東坡 만년에 칠지보살의 위位에 나아간다.
동파선희집東坡禪喜集.
소식집蘇軾集.
東坡云 '陶淵明이 是吾前生'이라 하다.

張商英 1043~1121
장 상 영

무진거사無盡居士.
왕안석王安石의 문인.
소동파의 영향을 받아 불법을 깊이 참구.
동림상총東林常總, 도솔종열兜率從悅, 회당조심懷堂祖心을 찾아 불법의 요의要義를 배우고 밝히다.
동림상총東林常總에게서 지견知見이 열리고, 원오극근圓悟克勤에게 화엄현지華嚴玄旨를 듣고 밝아졌으며, 만년에 도솔종열兜率從悅의 설을 듣고 개오開悟하다. 뒷날 대혜종고大慧宗杲의 견처見處를 시험試驗하고 허여許與함으로써 선지禪知를 드날렸다. 혹자는 무진거사無盡居士를 소동파의 경지보다 높게 여기나, 무진거사는 이욕지離欲地[華嚴二地]에 거처했고, 소동파는 원행지遠行地[華嚴七地]에 소요逍遙하였다. 앞사람의 경지境地를 건사愆士의 미문美文과 측지測知에 기대 가름하는 것은 자기공부에 해롭다.

黃庭堅 1045~1105
황 정 견

산곡도인山谷道人.

소동파蘇東坡의 문인.

황룡조심黃龍祖心의 법을 잇다.

황룡黃龍이 "내가 숨기는 것이 있는가?[我無隱乎]" 하는 말끝에 개오開悟하다.

"내가 숨기는 것이 있는가?"[我無隱乎]라는 말은 본디 공자孔子의 말이다. 공자의 문인은 그 뜻에 합한 이가 안회顏回와 증석曾析 뿐이나, 선가禪家의 달사達士들은 그 낙어落語를 보고도 공자의 진면목眞面目을 보는 것이다. 황산곡黃山谷은 방외方外에 거처하여 기이탈속奇異脫俗한 언言과 행行으로 사람들을 놀라게 하며 세상에 소요逍遙하였다.

圓悟 1063~1125
원 오

극근克勤.

임제종臨濟宗 양기파楊岐派.

오조법연五祖法演의 법을 잇다.

설두雪竇의 송고頌古를 창평唱評하다. 송고頌古에 수시垂示 착어着語 평창評唱한 것을 문인들이 벽암록碧巖錄이라 이름붙여 펴내다. 뒷날 대혜종고大慧宗杲가 공부인의 독毒이 된다하여 벽암록碧巖錄과 그 책판册板을 불태웠으나 필사본筆寫本이 남아 뒷날에 다시 유통되어 오늘에 전한다.

문인으로는 대혜종고大慧宗杲, 무진無盡 장상영張商英, 곽지장郭智藏 등 100여 인이 있다.

大慧 1089~1163
대 혜

종고宗杲,

임제종臨濟宗 양기파楊岐派.

담당문준湛堂文準에게 참학.

원오圓悟에게서 참학하여 대오大悟.

청량덕홍淸凉德洪을 찾아가 참례하고, 그 곳에서 장상영張商英을 만나다. 장상영이 대혜의 공부를 시험하고 허여許與하다.

조동종曹洞宗의 묵조선默照禪[宏智正覺]을 공격하고 공안선公案禪을 고취, 간화선看話禪의 종주宗主가 되어 경산徑山 능인선원能仁禪院에서 종풍宗風을 크게 진작하다.

임제臨濟의 재흥再興이라 일컫다.

형주衡州 유배 10년 후, 천동산天童山의 굉지정각宏智正覺과 도교道交를 맺고 굉지의 미진처未盡處를 깨우다.

정법안장正法眼藏 6권.

대혜어록大慧語錄.

宏智 1091~1157
굉 지

정각正覺,

조동종曹洞宗,

묵조선默照禪의 개조開祖.

단하산丹霞山 자순子淳의 법을 잇다.

묵조좌선默照坐禪의 종지宗旨를 세우고 묵조선宏智禪이라 일컫다. 만년에 대혜를 만나 대오大悟, 주장主張을 바꾸다.

'莫動着(움직이지 말라!) 動着(움직이면) 三十棒이니라.'-라는 수행법을 이르다.(굉지록)

普照 1158~1210 韓
보 조

지눌知訥.

26세, 육조단경六祖壇經을 읽다가 개오開悟하다.

28세, 이통현李通玄(635~736)의 화엄론華嚴論을 읽다가 대오大悟. 원돈성불론圓頓成佛論을 짓다.

팔공산八公山 거조사居祖寺에서 정혜사定慧社를 결성.

30세, 대혜어록大慧語錄과 육조단경六祖壇經을 보다가 확철대오廓徹大悟하다.

희종은 즉위 후, 송광산 길상사吉祥寺를 조계산曹溪山 수선사修禪寺로 이름을 바꾸고 지눌知訥을 극진히 모시다. 성적등

지문惺寂等持門, 원돈신해문圓頓信解門, 경절문徑截門의 삼문三門을 열어 학인을 제접하여 대법大法을 펴다.

혜심慧諶이 법을 잇다.

修心訣. 看話決疑論. 定慧結社文 등 14부 15권 著.

眞覺 1178~1234 韓
진 각

혜심慧諶,

무의자無衣子.

지눌知訥의 법을 잇다.

수선사修禪寺 이대법주二代法主.

선문염송집禪門拈頌集.

심요心要.

금강경찬金剛經贊.

一然 1206~1289 韓
일 연

견명見明,

호: 무극無極.

25세, 생계불감生界不減 불계부증佛界不增의 화두話頭를 참구參究하여 대오大悟.

56세, 목우화상牧牛和尙의 법을 잇다.

72세, 운문사雲門寺에서 현풍玄風을 드날리다.

84세, 선상禪床에 앉아 제자들과 문답問答을 한 후, 방으로 돌아가 금강인金剛印을 맺고 입적入寂하다.

삼국유사三國遺事 5권.

조도祖道 2권.

조정사원祖庭事苑 30권.

선문염송사원禪門拈頌事苑 30권

高峰 1238~1295
고 봉

원묘原妙.

남송말南宋末 원대元代.

임제종臨濟宗 양기파楊岐派.

법주法住에게 천태天台를 배움.

앙산조흠仰山祖欽에게 참구.

은둔수행隱遁修行 5년 후 대오大悟.

중봉명본中峰明本이 법을 잇다.

선요禪要.

고봉어록高峯語錄.

中 峰 1263~1323
중 봉

명본明本.

원대元代.

달마達摩의 29세.

임제의 15세 법손法孫.

어려서 천목산天目산 사자암獅子巖의 고봉高峯에게 출가 수행하여 대오大悟.

고봉 몰후沒後, 일정한 거처 없이 혹은 배 안에서 혹은 암자에서 살아가며 스스로 환주幻主라 일컫다.

승속僧俗이 존경하여 강남고불江南古佛이라 하다.

조당자적照堂慈寂이 법을 잇다.

산방야화山房夜話.

동어서화東語西話.

신심명벽의해信心銘闢義解.

石 屋 1272~1352
석 옥

청공淸珙.

임제종臨濟宗 호구파虎丘派.

고봉원묘高峰原妙에게서 참구.

급암종신及庵宗信의 법을 잇다.

고려의 백운화상白雲和尙이 법을 잇다.
고려의 보우普愚에게 법을 전하다.
강남 하무산霞霧山에서 입적시에 문인 법안法眼으로 하여금 고려의 백운에게 전법게傳法偈를 전하게 하다. 이는 석옥石屋의 법이 고려의 백운에게 전해졌음을 의미하며, 백운이 태고보우보다 공부가 높음을 가리킨다.

白雲 백운 1299~1375 韓

경한景閑.
어려서 출가하여 무사자오無師自悟,
10년 동안 중국에서 공부하다.
(인도고승) 지공指空에게 참학.
석옥청공石屋淸珙에게서 대오大悟.
54세, (1353년)
법안法眼이 석옥石屋의 전법게傳法偈를 가지고, 고려의 백운白雲을 찾아오다.
77세에 취암사鷲巖寺에 은거隱居하다가 입적入寂.
불조직지심체절요佛祖直旨心體節要, (줄여서 직지直指라 한다.)
백운어록白雲語錄.

太古 1301~1382 韓
태고

보우普愚, 보허普虛.

19세에 만법귀일萬法歸一 화두를 참구하여 개오開悟.

41세, 삼각산三角山 중흥사重興寺 동봉東峯에 태고암太古庵을 지어 머물다.

46세, 원元 호주湖州 하무산霞霧山 석옥청공石屋淸珙에게서 대오大悟하여 법을 받다.

52세, 석옥이 입적하다.

만년에 소설산小雪山에 들어가 농사 짓다가 공민왕의 청으로 산을 나와 왕사王師가 되다.

봉암사鳳巖寺, 보림사寶林寺에서 교화하다.

신돈辛旽의 모함으로 속리산俗離山에 유폐流弊.

83세 입적,

태고어록太古語錄.

懶翁 1320~1376
나옹

혜근惠勤,

27세에 양주 회암사檜巖寺에서 개오開悟.

28세에 원, 연경 법원사法源寺에서 지공指空에게 배우다.

30세에 평산처림平山處林에게 참학, 법을 받다.

31세에 지공指空의 법을 잇다. 도道가 원의 황제에게 알려져 광제선사廣濟禪寺의 주지가 되어 황제에게 설법하다.
39세에 오대산 상두암象頭菴(움막)에서 묵좌하다.
42세에 왕명으로 내전內殿에서 설법하다.
52세에 왕사王師가 되다.
57세에 왕명으로 밀양 영원사塋原寺로 가다가 신륵사新勒寺에서 입적.
나옹어록懶翁語錄.

虛 應 1515~1565
허 응

보우普雨,
號, 나암懶庵.
16세에 금강산 마하연摩訶衍에 入山.
34세에 강원감사 정만종鄭萬鍾의 천거로 봉은사奉恩寺 주지가 되다.
36세에 선교양종禪敎兩宗을 부활시키다.
37세에 선종판사禪宗判事가 되다.
윤원형尹元衡, 상진尙震과 합심하여 300여 사찰을 국찰로 정하다. 도첩제度牒制를 두어 2년 동안에 4,000여 승려를 뽑는 승과僧科를 설치하다.
51세, 문정왕후文定王后가 죽자, 제주에서 변협邊協에 의해

장살杖殺되다. 이율곡이 변론하였다.
조선불교 부흥의 초석을 놓은 기승奇僧.
보우의 선교양종禪敎兩宗의 승과僧科를 통해 서산대사가 선禪을 중흥中興하고, 영규靈圭 사명四溟 청매靑梅 등의 인물이 드러나 선지禪旨를 펴다.
일정론一正論
선게잡저禪偈雜著.
허응당집虛應堂集.

清虛休靜 1520~1604
청허휴정

어려서 부모를 여의다.
16세에 진사과進士科에 낙방하고 지리산智異山에 입산.
숭인崇仁에게 출가.
부용영관芙蓉靈觀(1485~1571)에게 참학,
길을 가다가 낮닭이 크게 우는 소리를 듣자마자 개오開悟.
몇 달 후, 금강산에서 대오大悟하다.
30세에 승과에 급제, 선교양종판사禪敎兩宗判事가 되다.
36세에 금강산에서 이이李珥의 견처見處를 허여許與하다.
73세에 왜란이 나자, 팔도도총섭八道都摠攝이 되다.
75세에 사명四溟에게 병사兵事를 맡기고 묘향산妙香山에서 입적入寂.

선가귀감禪家龜鑑.

선교석禪教釋.

청허집淸虛集.

雲棲袾宏 1535~1615
온서주굉

호號, 연지蓮池.

명明, 사고승四高僧의 한 분.

송암득보松庵得寶에게 참구.

초서樵棲를 지나다가 북소리를 듣고 깨닫다.

선정일치禪定一致를 선풍禪風으로 삼다.

선관책진禪關策進.

치문緇門.

자지록自知錄.

紫柏眞可 1542~1603
자백진가

명明, 사고승四高僧의 한 분.

만당晩唐의 장졸張拙 오도송悟道頌,

斷除妄想重增病 단제망상중증병

趨向眞如亦是邪　추향진여역시사

隨順世緣無罣碍　수순세연무가애

涅槃生死是空華　열반생사시공화

光明寂照遍河沙　광명적조편하사

凡聖含靈共我家　범성함령공아가

一念不生全體現　일념불생전체현

六根纔動被雲遮　육근위동피운차

-를 읽다가 개오開悟하다.

장졸張拙의 오도송를 운문雲門이 상찬上讚하였다. 감산이 화를 입어 귀양가자 상소를 올려 사면케 하고 참살당하다.

운서雲棲, 감산憨山과 같이 선정병수禪定竝修가 선풍禪風이다.

자백집紫栢集.

憨山(감산) 1546~1623

덕청德清.

명明, 사고승四高僧의 한 분.

운곡법회雲谷法會와 무극명신無極明信에게 참구.

복우법광伏牛法光에게서 대오大悟하다.

오대산五臺山 북대北臺에 올라 감산憨山의 빼어남을 보고 자호自號로 삼다.

1581년 오대산에서 무차회無遮會를 열어 법을 설하다.

1587년 신종神宗의 미움을 받아 뇌주雷州로 귀양가다.
1622년 조계로 돌아가 다음 해 입적入寂.
원각경직해圓覺經直解
능엄경통의楞嚴經通議
노자선해老子禪解
장자선해莊子禪解
중용직지中庸直指
대학직지大學直指

藕益 1599~1655
우 익

지욱智旭.
명明, 사고승四高僧의 한 분.
감산덕청憨山德清의 법손法孫.
감산憨山의 문인 설서雪棲에게 유식론唯識論을 배우다.
32세에 범망경梵網經에 주석註釋.
맹자孟子의 미어처迷語處를 제하고 절요切要하여 맹자택유孟子擇乳를 짓다. 책을 펴내자 유림儒林에서 대로大怒하여 찾아와 책판册板과 책册을 불태워 지금 전하지 않는다. 뒷날 치허거사菑虛居士가 유가儒家의 육경촬요六經撮要를 지으매, 그 가운데 맹자촬요孟子撮要를 넣었다. 그 뜻에 지욱노사智旭老師가 이러이러하였을 것이라 하여, 그 명지明旨를 담다.

후기後記

대저 불법佛法을 드러내고 홍포弘布하는 데는 몇몇의 길이 있다.

첫째는 경經과 논論을 설해說解하여 불법佛法의 종지宗旨를 밝혀 넓히는 것이요, 둘째는 역대 조사祖師와 노스님[老師]의 어록語錄과 자취를 통파通破하여 그 지취旨趣를 간명히 드러내어 배우는 이가 그 요목要目을 쉬이 얻도록 이끄는 것이요, 셋째는 선사禪師들의 가리키는 방편方便과 기량伎倆이 같지 않고, 또한 배우는 이의 근기根機가 제각각이므로 혹 염불念佛에 귀의케 하고, 혹 기도祈禱에 귀의케 하며, 혹 간경看經에 젖게 하고, 혹 참선參禪에 나아가게 하여 점차로 불지佛旨에 나아가 귀의하게 하는 것이다.

그러나 학인學人이 반드시 그 가르침을 통파通破하여 지극한 도리道理를 얻게 되는 것은 아니다. 그런 까닭으로 앞 세월 큰 스승들의 행리行履와 지어指語를 살피는 방편을 두지 않을 수 없는 것이다.

이에 우승愚僧은 한국의 큰 스승들의 자취를 살피고 정리하여, 뒷사람이 그 속에서 간취看取하게 하려는 뜻이 오래 전부터 있었다. 또한 삼국시대와 고려의 경우, 이야기로 전하는 한국의 큰 스승[高僧]의 일화逸話에는 조리條理가 미흡하거나 출처出處와 시기時期와 내용이 엇갈리는 경우가 허다하다. 그것은 뒷 시절이 어지러워 급히 글을 조주造做함에 발품과 고증考證이 원만하지 못한 까닭일 것이다. 이러한 글이 유전流傳하는 연고로 우승愚僧은 후래後來의 학인學人으로써 이를 바로잡아야 할 책무責務를 느낀 지 오래 되었다. 큰 스승의 대계大系와 줄기를 어스름한 일화逸話에 묻어두는 것은 조계曹溪의 후학後學으로써 부끄러운 일이지 않은가?

이러히 세월 흐르던 차에 오랜 벗, 삼벽자거사와의 골담乬談과 추실抽實을 통해 고증考證을 거듭하여 그 대략을 수습收拾하였다. 이러히 하여 우승愚僧이 편자編者로써 이 책을 소간素刊하는 것이다. 이 책이 한국의 큰 스승들의 대계大系를 세우는데 하나의 디딤돌이 되었기를 기대하며, 독서인들이 감발感發하여 불법佛法을 올곧게 배우는 계기가 되었으면 한다. 위의 어수선한 군말로써 후기를 삼는다.

2021년 1월 11일 雲巖玄葉 拙述

編著者 – 운암현엽

法號 : 雲巖
法名 : 玄葉
出家 : 1971년[불기2515년]
해인사 승가대학 졸
송광사 해인사 불국사 수도암 법주사 복천암 망월사 등에서 9년간 안거
(전) 부산불교사회교육원 이사장
(전) 조계종 초심호계위원
(현) 부산 강서사암연합회 회장
(현) 함께하는 행복, 나누는 기쁨. 靑彌團대표
(현) 淸凉寺 住持

著書 : 선리禪理로 읽는 채근菜根 130題
[原題-菜根譚撮要 抽草]
월간 공부방 發行人(1991년 창간)

韓國高僧逸話

솔바람은 그림자를 남기지 않나니

2020년 1월 12일 초판 1쇄 발행

編　著 : 金相汶
睥　寂 : 三碧子
校　訂 : 裵泰洙
발행인 : 김병환
발행처 : 학자원
주　소 : 서울 강동구 천호대로 1121
전　화 : 02) 6403-1000
팩　스 : 02) 6338-1001
E-mail : hakjaone@daum.net
등　록 : 2011년 3월 24일 제2011-14호

ISBN 979-11-6247-207-1 (03220)
값 25,000원